Writing

Output English

Oya Tadashi 저

www.langpl.com

머리말

이 책은 원래 일본의 대입 수험생을 대상으로 한 강의를 『오야영작문 강의의 실황중계』로 한 것을 활자로 재현한 것이었습니다. 그러나 발간 초부터 수험생은 물론 일반직장인들에게도 호평을 받은 바, 이번에 일반인들을 대상으로 형식과 제목을 수정하여 간행하게 되었습니다.

원래 재수학원에서 수험생에게 영어 문법이나 독해, 작문을 가르치고 있는 제가 영작문 참고서를 써야겠다고 마음먹은 것에는 이유가 있습니다. 학생들이 영문법에 관한 지식이나 영문 독해능력에 비해, 그들의 영작문 능력이 상당히 뒤떨어지는 현상에 (그 현상을 한탄하기보다) 순수하게 관심을 가지게 된 것입니다.

문법과 관련해서는 놀라울 정도의 지식을 가지고 있으며 단어에도 평소에는 거의 쓰지 않은 추상적인 단어를 알고 있음에도 왠지 간단한 문장조차도 영어로 쓸 수가 없는 그들, 그것은 도대체 어떤 이유에서인지 의아하게 생각했던 것입니다.

꼭 수험생에만 해당되는 것은 아니었습니다. 직장인들도 마찬가지였습니다.

일반적으로 어학에는 네 가지 측면이 있다고 이야기합니다. 「읽기」「쓰기」「듣기」「말하기」입니다. 이 네 가지 중 「읽기」와 「쓰기」를 문자전달형, 「듣기」와 「말하기」를 음성전달형이라고 대치시켜, 전자에 비해 후자가 학교교육에서는 경시되는 경향으로 인해 그 결과 「듣기」「말하기」에 서툴다는 말을 듣곤 합니다. 그러나 그러한 의견은 본질에서 약간 벗어난 것이라 봅니다. 제 생각에는 네 가지 측면은 오히려 「읽기」와 「듣기」라는 정보수신의 측면과 「쓰기」와 「말하기」의 정보발신의 측면으로 구분하여 대치시켜야 하며, 일반적으로 영어에서 보다 문제가 되는 점은 전자에 비해 후자에 관한 능력이 현저히 떨어진다는 데에 있습니다.

이것은 곰곰이 생각해보면 수험생뿐만 아니라 영어를 배우는 또는 영어를 꼭 써야 할 사회인들이 절실히 느끼고 있는 점이 아닐까요. 생각해보십시오. 조금만 더 노력하면 영자신문 정도는 누구나 읽을 수 있고 영어 뉴스 정도는 부분적으로 알아들을 수 있게 됩니다. 하지만 자신의 취미나 어제 읽었던 책에 대해서 혹은 일본경제에 관해서 자신의 의견을 제대로 영어로 표현(쓰든지 말하든지)할 수 있는 사람들이 과연 몇이나 될까요?

　물론 어느 나라 사람이든 외국어를 공부할 때 스스로 어떤 메시지를 발신하는 것보다 수신하는 것에 능하게 되는 것이 보통입니다. 그것은 「사물의 도리」라고 할 수 있습니다. 하지만 그렇더라도 일본인들의 영어는 그 차이가 너무나 극단적으로 느껴집니다.

　그럼 그것은 왜일까요?

　그 이유는 「강의를 시작함에 앞서」에서 자세히 말씀드렸지만 우리가 중학교 때 이후로 친숙한 학교영어가 수신에만 적합하도록 과정이 짜여졌다는 데에 이유가 있습니다. 한 가지 예를 들어봅시다.

　　It is difficult to learn English.

　이런 문장은 중학교 2학년 수준에서 to부정사를 배우면서 다루게 됩니다. 물론 「영어를 익히는 것은 어렵다.」로 해석이 되겠지요. 그 후 that절에 대해서 배우게 되면,

　　It is strange that she knows it.

　「그녀가 그것을 알고 있다는 것은 이상하다.」라는 문장도 다루게 되지요. to부정사는 명사 역할을 하고 있어서 「~하는 것」이라고 해석하고 that절도 명사의 역할을 하기 때문에 「~하는 것」이라고 해석하게 됩니다. (학교문법에서는 전자를 명사구, 후자를 명사절이라고 부르고 있는데 둘 다 한 묶음으로 명사 역할을 하고 있습니다.)

　「수신」만 하는 것이라면 둘 다 「~하는 것」이라고 해석할 수 있다는 것만 알면 그걸로 충분합니다. 하지만 발신할 때는 어떻습니까? 예를 들어 「네가 이 문제를 푸는 것은 어렵다.」라는 문장을 영작하라고 하면 대부분의 학생들은,

　　(×) It is difficult that you solve this problem.

　등으로 씁니다. 그러나 이 문장은 틀렸습니다. 바르게 영작하면,

　　(○) It is difficult for you to solve this problem.

　이라고 to부정사를 사용하지 않으면 어색한 영어가 되어버리는 것입니다.

　그 이유에 대해서는 본문을 보면 이해되시리라 믿고 to부정사와 that절에는 해석상 본질적인 차이가 있는 것입니다.

　저는 이것을 일본어의 경우에 영어와 일본어의 「다(多) 대 일의 대응」이라 부르고 있습니다. 요컨대 영어의 to부정사도 that절도 일본어의 「~하는 것」이라는 일본어를 영어로 할 때는 그 차이를 의식하지 않아도 되지만 정작 「~하는 것」이라는 일본

어를 영어로 할 때는 그것이 to부정사에 대응하는 것인지 that절에 대응하는 것인지 잘못 이해하는 경우가 많다는 것입니다.

그런데도 일본의 영어교육은 명치시대 이후 서양의 발달된 문명을 수용하기 위한 수단으로서 그 체계가 이루어져 왔기 때문에 일본어에서는 「단 하나」인 것을 「다양한」 영어로 치환해야 할 경우의 문제점에 대해 극히 무관심했습니다.

이 책은 다양한 내용을 망라했다기보다 기존의 학교교육에서 소홀히 다루어졌던 부분을 짚어보는 것을 목표로 하고 있습니다. PART 1에서는 문법적인 측면에서, PART 2에서는 어휘적인 면에서 그 목적에 다가가기 위한 내용이 기술되어 있습니다.

「영작을 위한 책」이라는 형식을 띄고 있지만 「쓰기」와 「말하기」의 밀접한 관계에 대해서는 이미 말씀드렸습니다. 영어회화를 배우는데 별로 늘지 않는다고 느끼는 분들에게도 꼭 도움이 되어드릴 수 있을 것이라고 확신하고 있습니다.

특히 PART 3에서 다루었던 「자유영작문」은 「이거 얼마예요?」나 「우체국이 어디에 있습니까?」와 같은 소위 「관광영어」를 탈피하여 자신의 의견을 설득력 있게 표현하는 데 유용하게 사용될 수 있을 것입니다. 쓰든지 말하든지 자신의 의견을 어떻게 표현하는가 하는 테마는 같으니까요.

앞으로 생활의 도구로서 영어가 더욱 필요한 시대에, 회화에서나 e메일에서 자신감을 가지고 영어로 표현하는데 이 책을 이용해주신다면 더 바랄 게 없겠습니다.

오야 타다시

강의내용

강의를 시작함에 앞서 - 영작문 공략의 지침   9

PART 1   여기가 중요!! 영작문의 급소

제1회 시제의 함정
Lesson 01 현재형과 미래형을 구분해서 사용하기 _____ 18
Lesson 02 습관은 현재형으로 나타낸다 _____ 21
Lesson 03 현재완료형과 현재완료 진행형을 구분해서 사용하기 _____ 24
Lesson 04 현재완료형과 과거형을 구분해서 사용하기 _____ 27
Lesson 05 과거진행형의 용법 _____ 30
Lesson 06 「과거에서 본 미래형」의 용법 _____ 33

제2회 5형식 문장의 맹점
Lesson 07 주의해야 할 지각동사 hear _____ 36
Lesson 08 주의해야 할 지각동사 see _____ 42
Lesson 09 사역동사의 용법 _____ 45
Lesson 10 경험피해동사의 용법 _____ 48
Lesson 11 5형식 문장에서 to부정사를 사용하는 동사 _____ 52

제3회 수동태의 맹점
Lesson 12 수동태의 시제에 주의 _____ 55
Lesson 13 동사의 어법에 주의 _____ 58

제4회 형용사의 불가사의
Lesson 14 형용사와 명사의 궁합 _____ 63
Lesson 15 서술용법과 한정용법 _____ 66
Lesson 16 "다소(多少)"를 나타내는 표현 _____ 70
Lesson 17 형용사의 후치수식 _____ 72

제5회 관계사의 중요 포인트

Lesson 18 관계대명사는 명사 _____ 75
Lesson 19 한정적 용법과 계속적 용법 구분하기 _____ 79
Lesson 20 관계대명사 what _____ 84

제6회 부사의 올바른 용법

Lesson 21 동사의 성격을 알자 _____ 88
Lesson 22 동사를 수식할 때의 부사 _____ 91
Lesson 23 어구를 수식하는 부사 _____ 94

제7회 비교의 구조

Lesson 24 「as ... as구문」에서 앞의 as _____ 99
Lesson 25 「as ... as구문」에서 뒤의 as _____ 103
Lesson 26 비교급과 동등비교의 구조 _____ 107
Lesson 27 more and more의 용법 _____ 110
Lesson 28 비교급의 응용 _____ 113

제8회 to부정사냐 that절이냐

Lesson 29 to부정사와 that절을 구분해서 사용하기 __ 116
Lesson 30 목적을 나타내는 경우의 용법 _____ 121

제9회 접속사의 함정

Lesson 31 접속사 how의 용법 _____ 126
Lesson 32 양보·역접의 접속사의 용법 _____ 129

제10회 전치사의 악몽

Lesson 33 시간을 나타내는 전치사의 용법 (1) _____ 132
Lesson 34 시간을 나타내는 전치사의 용법 (2) _____ 135
Lesson 35 시간을 나타내는 전치사의 용법 (3) _____ 138
Lesson 36 장소를 나타내는 전치사의 용법 _____ 140
Lesson 37 「~ 때문에」= for는 아니다 _____ 142

Lesson 38 「~에 의해」 = by는 아니다 _____ 145
Lesson 39 수단이나 도구를 나타내는 전치사 _____ 148
Lesson 40 without의 올바른 용법 _____ 151

제11회 고빈도 표현대책!
Lesson 41 단정을 피하는 표현의 용법 _____ 153
Lesson 42 「~만에」의 편리한 표현 _____ 158
Lesson 43 「~해서야 비로소」의 표현법 _____ 160
Lesson 44 「~할 수가 있었다」의 표현법 _____ 162
Lesson 45 틀리기 쉬운 품사의 용법 _____ 165
Lesson 46 "숫자+단위"를 나타내는 명사 _____ 170
Lesson 47 감정을 나타내는 문장의 올바른 용법 _____ 173
Lesson 48 「~하면서」의 표현법 _____ 177

제12회 더 나은 영작을 위하여
Lesson 49 영어특유의 표현을 익힌다 _____ 181
Lesson 50 부사(구)는 올바른 위치로 _____ 186

PART 2 이걸 영어로 뭐라고 할까?_189

PART 3 자유영작문의 완전공략
Introduction 자유영작문이란 어떤 것인가? _____ 238
Lesson 01 One Paragraph Essay 쓰는 법 _____ 241
Lesson 02 다양한 형태의 자유영작문 _____ 258
Lesson 03 Multi Paragraph Essay로 다가가기 _____ 270

해답편
PART 01 예제 해답 _____ 285
PART 03 연습문제 해답 _____ 309

강의를 시작함에 앞서

- 영작문 공략의 지침

여러분 처음 뵙겠습니다. 오야라고 합니다. 앞으로 여러분과 함께 영작문 공부를 할 것입니다. 잘 부탁드려요.

우선 여러분에게 영작문 공부란 어떤 것인지, 어떤 점에 주의해서 공부하면 되는지에 대해 잠깐 이야기하고자 합니다. 영어공부 중에서도 특히 영작문은 「너무 막막해 어디서부터 어떻게 하면 잘 할 수 있는 건지 모르겠다.」라고 생각하는 사람들이 많고 또한 그런 불안감을 안은 채 잘못된 방향으로 공부를 하면 중간에서 좌절하거나 충분히 성과를 거둘 수 없을지도 모르기 때문입니다.

영작문에는 그 나름의 공부방법이 있다

그리고 한 가지 더 기억해야 할 것이 있습니다. 영작문은 맨 나중에 공부한다는 사람이 많습니다. 「난 영어를 못하니 먼저 문법을 공부해야지!」하고요. 그리고 그 다음에는 「독해를 해야지!」하며 독해를 하고 「영작문은 그 다음에 해야지!」하다가 결국은 입시 직전에 시간이 모자라서 영작문 공부는 거의 못하고 시험을 치르게 되는 일이 벌어지지요. 그래도 「문법도 했고, 독해도 공부했으니 영작은 어떻게 되겠지!」하고 마음대로 판단해버리게 되는데 이런 사람은 떨어집니다.

여기서 명확히 해야 될 것이, 문법이나 독해를 못하면 영작은 할 수 없다고 하는 사람이 많은데 결코 그렇지 않습니다! 역으로 문법이나 독해를 할 수 있으면 따로 공부하지 않더라도 자연히 영작은 할 수 있게 된다, 이런 일도 일반적으로는 일어나지 않습니다! 오히려 이 둘은 전혀 다른 과목이라고 생각하는 게 맞을 겁니다. 그러니 뒷전으로 미루지 말고 일찍부터 독해나 문법과 함께 영작 공부를 병행하시기 바랍니다. 영작을 공부하다보면 여러 가지 새로운 발견을 하게 될 것이고 그런 것들이 독해나 문법공부에 피드백(feedback)이 될 수 있을 것입니다.

이 책의 전체적인 구성

그럼 여기서 전체 구성에 대해 이야기하겠습니다. 전체는 크게 세 부분으로 나눠져 있습니다.

- PART 1 「일본어 → 영어번역」의 문법적인 "맹점" 「종적인 선택」에 대한 강의
- PART 2 「영어 → 일본어번역」의 단어·어법의 지식 「횡적인 선택」 습득
- PART 3 「자유영작문」의 공략법 전수

여기서는 일본어 → 영어번역의 연습과 관련된 PART 1과 PART 2에 대해 이야기하겠습니다(PART 3은 241페이지를 참조해 주세요).

PART 1 : 횡적인 선택

영어로 된 문장을 쓸 때 머리 속에서는 「횡적인 선택」과 「종적인 선택」이 이뤄지고 있습니다.

다시 말하면 영문을 쓸 때 「참, 제일 먼저 주어를 써야지!」하고 생각하거나 주어를 쓰고나면 「다음은 동사다」라고 (무의식적으로라도) 생각을 하게 되는 것이지요. 문장에서 주어를 쓰는 곳에 갑자기 동사를 집어넣으면 당연히 틀린 영작문이 되는 것입니다. 이렇게 「다음에 어떤 품사의 단어를 집어 넣으면 되는지」를 생각하는 게 「종적인 선택」이 됩니다. 이 「종적인 선택」을 틀리지 않게 잘 하기 위해 필요한 것이 문법적 사고입니다. 이것을 익혀가는 것이 Part 1의 역할입니다.

PART 2 : 종적인 선택

역으로 PART 2의 「놀다」의 항목을 잠깐 봐주세요(→ P.199 참조). 우리말의 「놀다」에 해당하는 영어가 이렇게 많이 있습니다. 「놀다」라면 바로 play를 떠올리지만 그러면 안 되는 경우가 더 많습니다. 「그의 집에 놀러가다」는 "go to see him"이고 「나쁜 친구랑 놀면 안 돼.」는 "Don't go around with bad friends." 입니다.

이렇게, 동사의 자리에 어떤 동사를 쓰면 되는지를 생각하는 것이 「횡적인 선택」이 됩니다. 그리고 그 역할을 하는 것이 단어나 어법의 지식이며 이를 연습하는 것이 Part 2의 역할입니다. 따라서, 이 두 가지를 모두 연습하면 완벽한 셈이지요.

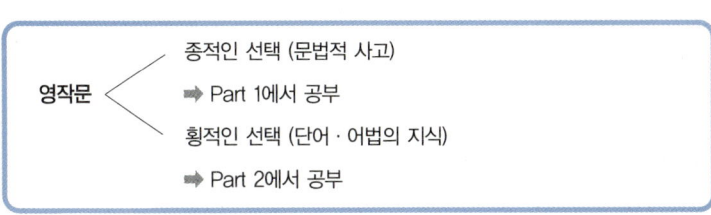

영작문을 위한 '단어의 지식'이란?

그럼 「횡적인 선택」, 즉 단어·어법의 지식부터 먼저 자세히 설명하겠습니다. 단어의 지식이라 하면 「아는 단어가 별로 없는데…」 이렇게 한숨부터 쉬는 사람이 있을지도 모르지만 여기서 말하는 지식은 그런 걸 의미하지 않습니다!

그럼 이번에는 Part 2의 「봐주다」의 항목을 펴 봐주세요(→ p.191). 폈나요? 다음 문장을 잘 생각해 보세요. 「아이가 밤에 놀러가는 것을 봐주다」라고 할 때의 「봐주다」와 「학생이 지각한 것을 봐주다」할 때의 「봐주다」는 뜻이 다른 것을 알겠습니까? 「놀러가는 것을 봐주다」의 「봐주다」는 「이제부터 ~하는 것을 허락하다」라는 뜻이지요? 그리고 「지각한 것을 봐주다」라고 할 때의 「봐주다」는 「~한 것을 용서하다」라는 뜻이고요.

전혀 다른 의미의 말을 둘 다 「봐주다」라는 말로 나타낼 수가 있는 것입니다. 그런데 영어는 어떨까요? 「허가하다」는 allow나 permit이라는 동사를 쓰지요. 또한 「용서하다」는 excuse나 forgive라는 동사로 표현합니다. 제가 말하고 싶은 것은 우리말과 영어가 1대1로 대응하고 있는 것이 아니라 「1 대 다(多)」의 대응을 하고 있다는 겁니다(다음 페이지의 그림 참고).

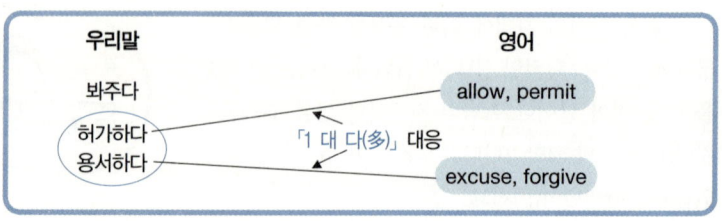

이런 점은 우리가 헷갈리기 쉽습니다. 그리고 이러한 단어의 지식은 여러분이 가지고 있는 단어장에 나와 있는 단어를 얼마나 많이 외웠는가와는 별개의 문제입니다. 단어를 많이 아는 사람도, 어휘력에 자신이 없는 사람도 똑같은 문제를 안고 있는 것이기 때문입니다.

이렇게 헷갈리기 쉬운 단어·어법의 지식은 그렇게 많지는 않습니다. Part 2에서는 제 경험을 바탕으로 여러분이 쉽게 틀릴 수 있는 용법들을 60항목으로 정리해 놨습니다. 그리고 이 정도만 익히면 충분하다고 봅니다. 이 부분은 강의 형태로는 이야기를 전개하지 않습니다. 그러니까 Part 1의 공부를 하면서 혹은 Part 3을 공부하면서 수시로 참조하고 조금씩 익혀가도록 하세요. 영어라면 신경과민이 될 정도로 영어를 싫어하는 사람은 처음에 이 부분을 집중해서 익히는 것도 하나의 방법이 될 수 있습니다.

영작문에서의 피드백

게다가 이런 지식을 익히게 되면 「덤」도 따라오게 된답니다! 앞서, 영작문을 하면 문법이나 독해에 피드백이 될 거라고 했지요? 일본의 대입센터시험(우리나라의 수능에 해당) 문제에 다음 문제가 나온 적이 있습니다.

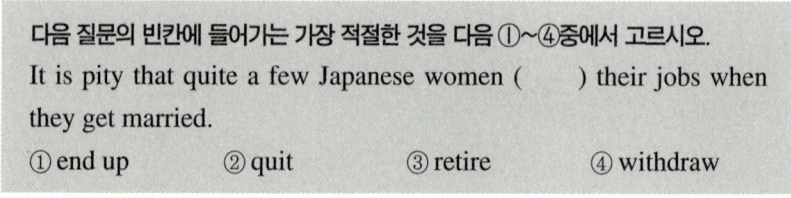

이 문제가 출제되었을 때 retire를 답으로 고른 수험생이 많았답니다. 왜냐하면 일본어로 프로야구선수 등이 현직에서 물러날 때 「리타이어하다」라고 그냥 말하고 있거든요. 하지만 「리타이어」는 「나이가 들어 그 결과 은퇴하다」라는 뜻입니다. 이 예문은 「젊은 여성이 결혼을 계기로 회사를 그만두다」라는 말이니까 retire를 쓰면 안 되겠지요. 그럴 때는 leave나 quit을 써야 합니다(→ p.195 참조). 우리말도 마찬가지예요. 한 마디로 「그만두다」라고 해도 「나이 들어 은퇴하다」인지 단순한 의미의 「떠나다」인지와 같이 문장의 의미를 잘 생각해 봐야 합니다. 이런 사실은 "quit = 그만두다"라고만 외우고 있으면 알 길이 없지요. 자기가 스스로 문장을 쓴다는 문제의식이 없으면 터득할 수가 없는 지식입니다. 영작문에서 문법이나 독해로 피드백된다는 것은 바로 이 점을 두고 하는 말입니다.

「문법적 사고」란?

그럼 Part 1에서 다루는 「종적인 선택」, 즉 문법적 사고에 대해서 자세히 살펴볼까요.

몇 해 전, 독일의 루프트한자를 탄 적이 있습니다. 그때 장시간의 비행으로 엉덩이가 아파서 통로 뒤쪽으로 가서 선 채로 창 밖을 바라보고 있었지요. 비행기 안에서는 금연이지만 그래도 가끔 통로에서 담배를 피우는 사람이 있어서 승무원이 확인하러 돌아보고 다니더군요. 그런데 내가 통로에 등을 지고 서 있어서 그 승무원은 아마도 내가 몰래 담배를 피우는 모양이라고 생각했나 봐요. 학교 화장실에서 몰래 담배 피우는 그런 친구 있잖아요.

그때 그 승무원은 나에게, "Do you smoke?"라고 물었어요. 순간 무슨 말인지를 모르겠더군요. 여기서 왜 의사소통에 문제가 생겼는지 아시겠습니까?

승무원은 「너 담배 피우는 건 아니겠지?」라고 물어보고 싶었을 거예요. 그렇다면 "Do you smoke?"라고 현재형이 아니라 "Are you smoking?"이라고 현재진행형으로 물어봐야 했던 것이지요. 왜냐하면 이것은 Part 1의 첫 머리에서 다루게 되겠지만(→ p.18), 영어로는 「그는 늘 8시에 저녁을 먹는다.」와 같은 습관은 현재형을 사용해서 "He eats supper at eight."라고 하고 「그는 지금 저녁을 먹고 있는 중이다.」와 같이 「지금 ~하고 있다」는 현재진행형으로 나타내서 "He is eating supper now."라고 하는 것이 규칙이기 때문입니다.

그런데 그 승무원의 모국어인 독일어에는 현재진행형이 없습니다. 습관도, 「지금 ~하고 있다」도 현재형으로 나타내지요. 그래서 독일어와 영어의 차이를 고려하지 않고 잘못된 영어를 사용한 것이었습니다. (여러분 안심이 되나요? 영어 못하는 건 다른 외국인도 마찬가지예요!).

그래서 "Do you smoke?"에 내가 뭐라고 대답했는지 아세요? 현재형은 「습관」을 나타내잖아요? 「당신은 담배 피워요?」가 되는 거예요. 이런 말은 보통 남에게 무엇인가를 권유할 때 쓰지요. 그래서 나는 이 독일인 승무원이 나를 마음에 들어해서 독일산 고급 잎담배라도 주려고 하나 싶어서 손을 내밀었지 뭡니까!

하지만 자랑을 좀 하자면 나는 독어도 할 줄 알기 때문에 (책 마지막의 프로필을 봐주세요!) 「아, 독일인이 하기 쉬운 실수를 하고 있구나!」싶어서 고쳐주려고 했는데 그것도 지나친 간섭인 것 같아서 내밀었던 손을 얼른 집어넣고 "No."라고만 대답했지요.

모국어와 영어의 괴리를 인식하자

이렇게 되면 좀 무섭다는 생각이 들지 않나요? 현재형과 현재진행형을 바꿔 말한 것 뿐인데 전혀 뜻을 알 수가 없게 되잖아요. 이 독일인 승무원이 독어와 영어의 괴리의 함정에 빠진 것처럼 우리는 모국어와 영어의 괴리의 함정에 빠지기 쉽다는 것이지요.

Part 1에서 공부할 텐데요, 「그는 저녁을 먹고나서 공부한다.」라고 하면 그것은 「습관」입니다. 하지만 여러분이 「언제까지 TV 보고 있을 거야! 공부해!」라고 어머니께 혼이 났을 때도 「저녁 먹고 공부할 게요.」라고 하지요. 이것은 「지금부터 한다」는 「미래」의 뜻입니다. 즉, 「공부하다」라고 하면 습관도 미래도 나타낼 수 있는 겁니다. 하지만 영어로는 「습관」은 현재형, 「미래」는 미래형으로 나타냅니다. 당연하다 생각할지 모르지만 그 차이를 의식하고 있지 않으면 여러분은 언제든 그 함정에 빠지기 쉽습니다.

즉, 단어에 관한 이야기를 할 때 나왔던 「일 대 다(多)」의 대응이 있다는 것입니다. 그리고 그런 것은 단순히 문법문제의 대책을 위해 문법공부를 하는 것으로는 결코 터득할 수가 없습니다. 말하자면 영작문을 위한 문법공부가 따로 필요하게 되는 것이지요.

어떻습니까? 제 말이 이해가 되나요? 그럼 Part 1부터 같이 공부를 시작합시다! 영어에서 가장 중요한 것은 동사입니다. 그 동사에 대해, 방금 예를 들었던 시제부터 공부해 가도록 합시다! 건투를 빕니다!!

PART 1

여기가 중요!!
영작문의 급소

수험생이 틀리기 쉬운 영작문의 "문법적인 포인트"를 알기 쉽게 설명하는

50강의

제1회 시제의 함정

Lesson 01 시제의 함정(1)
현재형과 미래형을 구분해서 사용하기

문제	▶ 비가 그치면 나는 도서관에 갑니다.
오답의 예	▶ If it stops raining, I go to the library.

자, 방금 전에 약속했던 대로 먼저 동사, 그 중에서도 시제에서 틀리기 쉬운 점을 몇 가지 살펴보도록 합시다. 위의 오답의 예에서 가장 큰 잘못이 어디에 있는지 알겠습니까? 그건 바로 「도서관에 간다」의 부분이 현재형으로 표현된 점입니다. 한 마디로, 미래에 가게 되는 것이니까 미래형으로 되어야 합니다. 에~이, 고작 그거예요? 하고 생각하는 사람도 있을지 모르겠습니다. 하지만 이 점이 매우 중요하며 의외로 틀리기 쉬운 부분입니다. 잠깐 확인하고 넘어갑시다.

	변하지 않는 사실	지금 ~하고 있다
동작을 나타내는 동사	Cats eat fish. 고양이는 생선을 먹는다.	The cat is eating fish. 그 고양이는 생선을 먹고 있다.
상태를 나타내는 동사	Men love women. 남자는 여자를 사랑한다.	He loves the girl. 그는 그 소녀를 사랑한다.

동작동사와 상태동사

아주 당연한 이야기지만 영어의 동사에는 「말하다」나 「놀다」와 같이 동작을 나타내는 것과 「닮다」「가지고 있다」와 같이 상태를 나타내는 것, 이렇게 두 가지가 있습니다.

앞의 표에서도 알 수 있듯이 「상태를 나타내는 동사」는 현재형으로 불변의 사실이나 습성도 나타낼 수 있고, 「지금 ~하고 있다」라는 뜻도 나타낼 수 있습니다. 하지만 「동작을 나타내는 동사」는 현재형으로는 변함없는 사실이나 습성밖에 나타낼 수가 없습니다. 당연하겠지요?

그럼 다음 두 문장을 비교해 보세요.

- I go to school at seven.
- I will go to school at seven.

'go'는 동작을 나타내는 동사입니다. 그렇다면 ①과 같이 현재형을 사용하면 「늘 7시에 학교에 가는 습관을 가지고 있다.」라는 뜻이 됩니다. 「평소에는 조금 더 늦게 나가지만 오늘만은 7시에 갈 테다.」와 같이 딱 한 번의 동작을 나타내려면 ②와 같이 현재형 이외의 형태, 즉 이 경우에는 미래형을 사용해야 하는 것입니다.

그렇다면 처음에 나왔던 오답의 예처럼 쓰면 「비가 그치면 도서관에 가는 습성이 있다.」라는 뜻이 되어, 그는 마치 한밤중에라도 비만 그치면 언제고 벌떡 일어나 도서관에 가는 병에 걸려 있는 사람인 것처럼 된단 말이에요.

앞의 문제에서는 「갑니다」라고 현재형으로 나타냈지만, 사실은 이것은 미래형이지요. 꼭 '~할 것이다'라고 나타내지 않더라도 자연스럽게 미래의 뜻을 나타내는 이런 경우, 시제를 잘 살펴봐야 하겠습니다.

 동작을 나타내는 동사를 현재형으로 쓰면 **습성·불변의 진리**만을 나타낸다!

if와 when의 구분

그리고 오답의 예에는 또 한 곳 잘못된 부분이 있습니다. 「~하면」에는 무조건 if를 사용하기 쉬운데 if는 「그렇게 되지 않을 경우도 있다」는 뜻입니다. 즉, 「시험에 합격하면~」은 어쩌면 합격 못할 수도 있기 때문에 if를 써도 괜찮지만, 「비가 그치면~」의 경우는 영원히 비가 그치지 않은 경우는 없을 테니까 if를 쓰면 안 되겠습니다. 이럴 때는 when을 사용하는 것이지요.

if~   「그렇게 되지 않을 때도 있다」의 경우
when~   「언젠가는 반드시 그렇게 된다」의 경우

| Answer | When it stops raining, I will go to the library.

 다음 우리말을 영작하시오.

(1) 어른이 되면 나는 의사가 될 것이다.
(2) 현재의 경향이 계속되면 30년 안에 65세 이상인 인구가 4명에 한 명을 차지 하게 될 것이다.

[해답편 p.285]

Lesson 02 | 시제의 함정(2)
습관은 현재형으로 나타낸다

문제	▶ 나는 아침에는 아무 것도 먹지 않는 습관이 있다.
오답의 예	▶ I make it a rule to eat nothing in the morning.

앞의 Lesson에서는 현재형을 사용해서는 안 되는 경우에 대해 배웠습니다. 이번에는 그와 반대의 경우입니다. 이 오답의 예에서는 「~하는 습관이 있다」라는 뜻으로, 'make it a rule to + 동사원형' 이라는 유명한 숙어를 사용하고 있습니다. 이 숙어는 상당히 중요한 숙어이기 때문에 여러분들도 많이 알고 있을 것입니다. 하지만 「~하는 것을 습관으로 삼고 있다」라고 기억하는 사람이 많기 때문에 이런 식으로 자주 쓰이게 되는 것이지요.

우리말 표현에 유의하자

하지만 이 책의 Part 2를 잠깐 봐 주시면 알 수 있듯이 모국어와 영어가 언제든 주 1대1 대칭이 되는 것은 아닙니다. 영어의 단어나 숙어를 단 한 가지의 모국어와 결부시켜서 그것을 기계적으로 영작문에서 사용하는 것은 오답의 지름길이랍니다.

'make it a rule to + 동사원형' 이라는 것은 문자 그대로 「~하는 것을 자신의 규칙으로 삼다」라는 뜻이니까, 예를 들면, 공부를 너무 싫어하는데 어떻게든 하루에 한 시간은 책상에 앉아 있는 것을 규칙으로 삼는 것과 같이 「~하도록 습관화하다」라는 뜻을 가진 숙어입니다.

그러니까 이 오답의 예도(「오답」이라 하는 것은 가혹한 점도 있지만) 이 사람이 사실은 아침에도 식욕이 왕성한데 다이어트를 하는 중이라 「아니야, 참아야지. 살 빼기 위해서야.」라고 생각하면서 먹지 않도록 애쓰고 있는 그런 상황이라면 이 숙어를 사용해도 좋을 것입니다.

I make it a rule to eat nothing……

습관 ➡ 현재형!

하지만 앞의 문제에 나왔던 문장에서는 그런 것을 알 수가 없습니다. 그러면 앞서 배운 것을 기억해 보세요. 무리해서 이런 숙어를 사용해서 틀리는 것보다는 습관이므로 그냥 현재형으로 표현하면 되겠지요?

한 가지만 더 언급하면 여러분의 영작 답안지에서 자주 볼 수 있는 예가 「반드시」라는 표현에는 'never fail to + 동사원형'을 쓰는 버릇입니다. 예를 들면 「그는 자기 전에 반드시 목욕을 한다.」라는 문장을 영작할 때 다음처럼 고쳐 버리기도 합니다.

He never fails to take a bath before going to bed.

그러나 'never fail to + 동사원형'은 「나도 모르게 (나쁜 버릇인 걸 알면서도) 그만두지 못하고 해 버리다」라는 뜻이기 때문에 이것을 쓰게 되면 「어서 자면 될 텐데 목욕을 하지 않을 수 없다.」라는 식의 뜻이 되어 버립니다. 이 문장도 일종의 습관이기 때문에 현재형을 사용해서 다음과 같이 고치면 됩니다.

- He takes a bath before going to bed.

「~하는 습관이다」 「~하곤 한다」 「늘 ~하다」
➡ **현재형**으로 나타낸다.

그리고 세세한 부분이지만 nothing이나 no one은 주어로서만 사용할 수 있습니다. Nobody came. 「아무도 오지 않았다.」와 같은 식이지요. 목적어로는 'anything/anyone'을 쓰는 것이 보통입니다. 즉, 「그는 아무도 초대하지 않았다.」라는 문장은 He invited no one.이라 하지 않고, He didn't invite anyone.이라 해야 합니다.

「아무도 · 아무것도 ~이지 않다」
→ 주어로는 nothing/no one
목적어일 때는 'not + anything/anyone'

또 한 가지 더 지적을 하자면, in the morning은 「오전에」라는 뜻이라서 범위가 너무 넓으므로 for breakfast「아침식사로」라고 하는 것이 더 좋습니다.

| **A**nswer | I don't eat anything for breakfast.

 다음 우리말을 영작하시오.
(1) 그는 7시 30분에 버스를 타고 학교에 가는 것이 일과가 되어 있다.
(2) 나는 뒤에서 그 사람들 욕하지 않도록 하고 있다.

[해답편 p.285]

Lesson 03 시제의 함정(3)
현재완료형과 현재완료 진행형을 구분해서 사용하기

| 문제 | ▶ 그는 그 회사에서 10년동안 일하고 있다. |
| 오답의 예 | ▶ He has worked in the company for ten years. |

시제에서 또 한 가지 틀리기 쉬운 것이 현재완료형입니다. 현재완료형에는 「경험, 완료, 계속, 결과」의 4가지 뜻이 있다고 배웠을 것입니다. 그 중에서 영작문에서 틀리기 쉬운 것이 「계속」과 「결과」입니다. 여기서는 「계속」의 뜻을 가진 현재완료형에 대해 살펴보도록 합시다.

「계속」을 나타내는 현재완료형

for... 「~동안」 혹은 since... 「~이래, ~이후」와 같은 단어와 함께 「현재까지 계속해서 ~해 왔다」라는 뜻을 나타내고자 할 때 현재완료형을 쓴다는 건 다들 아시죠? 하지만, 여기서 주의할 점이 있습니다. 다음 두 문장을 비교해 보세요.

① I have known him for ten years.
　나는 그를 10년동안 알아왔다.

② I have been studying English for ten years.
　나는 영어를 10년동안 공부해왔다.

두 문장 모두 「현재까지 계속해서 ~해 왔다」라는 똑같은 의미를 나타냅니다. 그런데 ①에서는 have known이라는 형태, 즉 현재완료형을 사용하는 데 비해, ②는 have been studying이라는 형태, 즉 현재완료진행형을 사용하고 있습니다. 의미가 같은데 다른 형태를 사용하고 있으니 이상한 일이지요? 하지만 이와 같은 현상을 Lesson 1에서도 살펴본 것을 기억하시는지요.

- I am studying English.
  나는 영어를 공부하고 있다.

- I know him.
  나는 그를 안다.

두 문장 모두 「지금 현재 ~하고 있다」의 뜻을 나타내는데 한 문장은 현재진행형, 다른 한 문장은 현재형을 쓰고 있습니다. 왜일까요?

 study는 동작을 나타내는 동사이지만 know는 상태를 나타내는 동사이기 때문입니다.

그렇지요. 같은 의미라 할지라도 동사의 성질에 따라, 사용하는 시제가 달라지는 것이지요. 계속의 의미를 나타내는 현재진행형도 이와 마찬가지라는 사실을 기억해 두시기 바랍니다.

그렇다면 맨 앞 문제에서 쓰인 동사는 work「일하다」이므로 동작을 나타내는 동사라고 할 수 있겠지요. 그래서 현재완료진행형을 사용해야 하는 것입니다.

그리고 또 한 가지 사소하지만 짚고 넘어가야 할 것이 있습니다. 「그 회사에서 일하다」라고 말할 때 우리는 work in the company라고 하기 쉽지만 in은 원래 「~안에서」라는 뜻을 가진 장소를 나타내는 전치사입니다. 예를 들어, 조종사는 항공회사 직원이기는 하지만 회사 건물 안에서는 많은 일을 하지는 않지요. 그래서 원어민들은 work for the company라고 표현한답니다. 이렇게 틀리기 쉬운 전치사에 대해서는 나중에 다룰 테니 (◐ p.132~, 제10회 「전치사의 악몽」), 지금은 그렇게 신경 쓰지 않아도 됩니다.

| Answer | He has been working for the company for ten years.

이 문장을 He has been worked...라고 영작하는 사람이 종종 있습니다. 이 have의 been p.p.라는 것은 현재완료 수동태이지요. 그럼 「일해지다」가 되는데 그렇게 되면 뜻이 전혀 통하지 않으니 이것은 당연히 안 된다는 것을 명심하세요!

> **Point**
> 「~이래(~동안) 현재까지 계속해서 ~하고 있다」
> → 사용하는 동사가 **상태**를 나타내는 동사일 때는 **현재완료형** (have+p.p.)
> → 사용하는 동사가 **동작**을 나타내는 동사일 때는 **현재완료진행형** (have been+~ing)

 다음 우리말을 영작하시오.

(1) 나는 독어를 6년간이나 공부하고 있지만 꾸준히 계속하지 않았기 때문에 잘하지 못한다.
(2) 조지의 남동생은 5년간 미국에서 살고 있다.

[해답편 p.286]

Lesson 04 | 시제의 함정(4)
현재완료형과 과거형을 구분해서 사용하기

문제	▶	그는 일을 그만두고 지금 다른 일을 찾고 있다.
오답의 예	▶	He retired from his job and is looking for another job now.

현재완료는 정말 어렵습니다. 「경험」을 나타내는 용법과 같이 「~을 ××돌린 적이 있다」와 같은 말이나 앞서 배웠던 「계속」용법과 같이 「~이래, 지금까지 계속 ~」이라는 뜻을 나타낼 때 현재완료를 쓴다는 건 잘 알겠지만 가장 알다가도 모르는 것이 현재완료형의 「결과」를 나타내는 용법입니다.

「결과」를 나타내는 현재완료

Spring has come. 「봄이 왔다.」와 같은 표현을 중학교 때 배웠지요? Spring came.과 무엇이 다른지 배웠는지요?

 Spring has come.은 봄이 와서 지금도 봄이라는 것을 나타내는 것입니다.

 그럼 Spring came.은?

 지금은 여름이라는 뜻일까요?

그래요, 대충 맞았어요. 여러분도 어렴풋이 알고는 있어요. 둘 다 우리말로 고치면 「봄이 왔다.」가 되기 때문에 차이를 알 수가 없게 되는데, 교과서적으로 말하자면 「현재완료는 현재와 관련이 있는 과거」를 나타냅니다. 「과거형은 현재와는 분리된 과거」를 나타냅니다. 알 듯 모를 듯한 설명이지요.

조금 더 쉽게 설명해 볼까요. 누군가가 여러분들에게 「돈 좀 빌려줘.」라고 부탁했습니다. 여러분이 「지갑을 잃어버려서 말이야.」라고 대답했다면, 그렇기 때문에 「지금은 나도 돈이 없다」라는 뜻이 되겠지요. 「~해버려서 말이야」라는 느낌이 바로 현재완료입니다.

그렇다면 이번에는 역사선생님께서 「1945년에 우리나라가 독립해 버려서 말이야.」 이렇게 말씀하셨다고 가정합시다. 그럼 여러분은 어떻게 하겠습니까? 「그래서 어땠는데?」 이렇게 생각하지 않겠습니까? 「그렇기 때문에 지금~」 이런 식으로 이야기가 이어지지 않으면 「~해 버려서 말이야」는 통하지 않게 됩니다. 우리나라의 독립은 지금과는 무관한 역사적 사실일 뿐이지요.

그러니 「우리나라는 1945년에 독립했다.」라는 식으로 「~했다」로 끝맺지 않으면 어색하게 됩니다. 여기서 「~했다」가 과거형이라고 생각하면 되는 겁니다.

「~해버려서 말이야」 → 현재완료형
「~했다」 → 과거형

그렇다면 「일을 그만둬 버려서 말이야 지금 직장을 구하고 있어.」 이렇게 되기 때문에 현재완료를 쓰지 않으면 이상하다는 것을 알 수 있겠지요?

| Answer | He has quit his job and is looking for another now.

「그만두다」가 retire가 아닌 것은 Part 2를 참고해 주세요(◎ p.199). 그리고 another job의 'job'은 틀린 것은 아니지만 여기서는 생략했습니다.

그리고 이 용법의 현재완료형은 일반적 사실을 말하는 문장에서 자주 등장합니다. 「너무 많이 먹으면 졸린다.」를 영작해 보세요.

 When you have eaten too much, you feel sleepy.

잘 했어요. 「너무 많이 먹어서 말이야, 졸려.」가 되는 것이지요. 이 점은 기억해 두면 좋습니다. 일반적인 사실은 현재형으로 쓰는 데, 그와 관련이 있으면서 그 보다 앞서 있는 시점에서 일어난 일들은 현재완료형으로 쓰는 것입니다.

 일반적인 사실을 말하는 문장은 **현재형**과 **과거형**만으로 쓴다.

예제 다음 우리말을 영작하시오.
(1) 일단 흡연이 습관이 되면 그만두는 것은 어렵다.
(2) 인터넷에 의해 우리는 전 세계의 사람들과 교신할 수 있게 되었다.

[해답편 p.286]

Lesson 05 시제의 함정(5)
과거진행형의 용법

문제 ▶ 어제 그가 전화했을 때 나는 텔레비전을 보고 있었다.

오답의 예 ▶ When he called me yesterday, I watched TV.

시제의 이야기는 이제 좀 질렸을지도 모르겠지만 조금만 더 참읍시다. 현재형, 현재완료형에 이어 여러분이 영작을 잘못하기 쉬운 또 하나의 시제가 과거진행형 입니다.

「점과 선의 관계」

결론부터 말하자면, 위의 오답의 예를 그대로 우리말로 해석하면 「어제 그가 내게 전화했을 때 나는 텔레비전을 보았다.」가 됩니다. 어딘가 어색하지 않나요? 이렇게 되면 전화벨이 울린 그 순간에 「아차! 전화 왔네. 못 들은 척 해야지.」하면서 서둘러 텔레비전을 켠 것 같이 느껴지지요?

사실은, 예를 들면, 두 시간이면 두 시간동안 텔레비전을 보고 있었던 것이지요. 그런데 그 두 시간 동안 어느 순간에 전화벨이 울렸다는 것이지요. 이런 관계를 두고 「선과 점의 관계」라고 합니다.

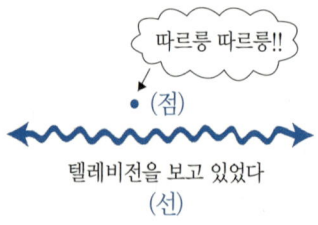

텔레비전을 보는 쪽은 시간적으로 여유가 있기 때문에 선이고 전화벨이 울리는 쪽은 순간적인 일이니까 점이 되지요.

이럴 때는 우리말로도 「어제 그가 전화를 걸었을 때 나는 텔레비전을 보고 있었다.」처럼 「보았다」가 아니라 「보고 있었다」라고 표현하는 것입니다. 「~하고 있었다」, 「~하고 있던 중이었다」에 해당되는 표현이 영어로는 과거진행형인 것입니다.

「~하고 있었다」, 「~하고 있던 중이었다」
→ **과거진행형**을 쓴다.

따라서, 앞의 문제의 정답은 이렇게 됩니다.

| Answer | When he called me yesterday, I was watching TV.

과거형으로 나타내는 경우는?

다만 한 가지 오해하면 안 되는 것이 「시간적으로 여유가 있는」 일을 모두 과거진행형으로 나타내는 것은 아니다라는 것입니다. 예를 들면, 보통 대학교는 낙제하지 않으면요 4년간 다니지요. 4년은 상당히 긴 시간입니다. 그렇다고 대학에서 공부했다는 것을 언제든지 과거진행형으로 나타내는 건 아니라는 것이지요.

예를 들어, 「넌 어느 대학 출신이니?」라는 질문에 「연세대학교요.」라고 대답하지, 「연세대학교에서 공부하고 있던 중이었습니다.」라고는 하지 않지요. 「연세대학교에서 공부했습니다.」라고 하면 되는 것입니다. 영어로도 단순히 과거형으로 I studied at Yonsei university.라고 표현합니다.

하지만 그가 대학 재학 중에 결혼했다고 한다면,

- He got married when he was studying at Yonsei University.

와 같이 과거진행형을 사용하게 됩니다. 그래서 「선」으로 나타낸다고 하는 것은 현실의 시간의 길이와는 그다지 상관이 없는 것입니다. 「선」이라는 표현은 반드시 「점」이라는 표현이 있어서 그와 대조를 이룰 때만 등장하게 됩니다. 다르게 말하자면, 과거진행형은 단독으로 쓰이는 일은 없고 과거형인 문장과 함께 쓰인다고 보시면 됩니다. 이런 것을 「종속시제」라고 합니다.

 다음 우리말을 영작하시오.
(1) 작년 여름에 제주도 여행을 할 때 나는 몇 년간 보지 못했던 친구를 만났다.
(2) 내가 그 편지를 받은 것은 아침식사를 하고 있을 때였다.

[해답편 p.287]

Lesson 06 시제의 함정(6)
「과거에서 본 미래형」의 용법

문제	▶	다음날 그녀를 만나야 하기 때문에 그는 일찍 잠자리에 들기로 했다.
오답의 예	▶	He decided to go to bed early because he will meet her tomorrow.

시제의 맹점 중의 맹점

　오랫동안 공부해 왔던 시제도 이제 이번이 마지막입니다. 여러 가지 시제의 맹점이라 생각되는 점을 다루어 왔지만 이번에는 그러한 맹점중의 맹점이 나옵니다. 지금까지 나왔던 맹점들은 현재형이라든지 현재완료형 등의 이름이 붙어 있었지만 이번 맹점은 이름마저 없으며 굳이 이름을 붙이자면 「과거에서 본 미래형」입니다.

　예를 들면, 오늘은 날씨가 좋지요? 그런데도 우산을 가지고 온 사람들도 더러 있네요. 하지만 오늘은 아마도 비는 안 올 것 같으니 우산은 짐이 되는 셈이지요. 안됐군요. 집에 가다가 전철에서 잃어버리지 않도록 하세요.

　그래서 우산을 잃어버리지 않고 집에 도착했습니다. 「다녀왔습니다!」 인사를 하며 집에 들어서니 여러분들의 어머니께서 「어머 우산을 들고 갔었니? 왜 그랬어.」하십니다. 자, 여러분은 뭐라고 대답하겠습니까? 「비가 올지도 모른다고 생각했어요.」라고 하겠지요. 갑자기 미안하지만 영어로 이 말은 뭐라고 할까요?

 음...I thought that it……

그래요, 문제는 그 다음 rain의 시제지요. 미묘하지요? 아침에 집을 나설 때로 보면 비가 오는 것은 미래지요. 하지만 이미 집에 돌아왔기 때문에 모두 과거가 되어 있지요. 「비가 온다」는 것은 「아침에 집을 나서다」라는 과거의 시점에서 본 미래인 셈 입니다. 이 「과거에서 본 미래」를 나타내는 것은 조동사인 "would"입니다.

중학교 때 "will"이라는 말이 미래를 나타낸다고 배웠을 것입니다. 그 후 will의 과거형은 would라고 배웠을 것입니다. 왜 미래를 나타내는 말에 과거가 있는지 이상하게 생각되지 않습니까? 그것은 바로 이럴 때 쓰기 위한 것입니다.

그럼 앞에서 대답한 학생, 이번에 본인의 명예회복을 위해 앞 문장의 영작을 다시 한 번 해보세요.

I thought that it would rain.

그렇습니다. 이렇게 해서 「비가 올지도 모른다고 생각했어요.」가 되는 것입니다. 또는 will과 같은 뜻이라고 배웠던 be going to를 과거형으로 해서 was[were] going to를 쓸 수 있습니다.

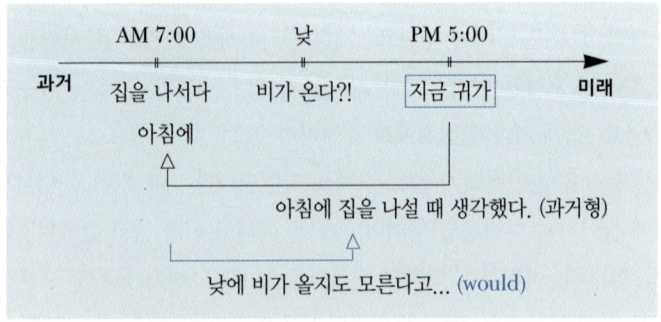

- I thought (that) it was going to rain.

그럼 앞의 문제로 돌아갑시다. 데이트를 하는 것은 일찍 잔 날이라는 과거의 시점에서 본 미래이기 때문에 당연히 would를 씁니다. 그리고 부사도 주의하세요. 오늘을 기준으로 본 내일은 물론 tomorrow이지만 과거의 어떤 시점에서 본 「다음 날」은 the next day입니다. 마찬가지로 몇 가지 정리해 봅시다.

> **Point**
> • 「과거에서 본 미래」 "would 혹은 was[were] going to + 동사원형"
> • 부사에 주의!
>   「그 날」   that day
>   「전날」   the day before
>   「다음날」   the next day
>   「그날 밤」   that evening

| Answer | He decided to go to bed early because he would meet her the next day.

 다음 우리말을 영작하시오.

(1) 1955년에 미국으로 돌아갈 때 나는 내 평생 다시는 한국으로 돌아올 일은 없을 것이라고 생각했다.

(2) 왜 저 책을 내게 빌려준다고 말해주지 않았습니까?

[해답편 p.288]

제 2 회 5형식 문장의 맹점

Lesson 07 5형식 문장의 맹점(1)
주의해야 할 지각동사 hear

문제 ▶ 나는 그들이 레스토랑에서 말다툼하는 소리를 들었다.

오답의 예 ▶ I heard that they were arguing the restaurant.

    그럼 여기서 잠시 5형식 문장에 대해 공부하도록 합시다. 5형식 문장이 무엇인지는 알고 있지요? 간단히 말하면 두 쌍의 주어와 술어를 조합시켜 표현하는 방식입니다. 잠깐 우리말로 생각해 봅시다. 예를 들어, 「나는 이 책이 쉬울 거라 생각한다.」라는 문장에서, 「나는」+「생각한다」가 「주어+술어」이지만 「이 책이」+「쉽다」도 「주어+술어」입니다.

두 쌍의 「주어+술어」가 있는 문장

    자, 그럼 이것을 영어로 어떻게 표현할까요?

 I think that this book is easy.

    좋습니다. 하나는 대답한 대로 that절을 사용하는 방법이 있습니다. 그렇게 되면 "I think"라는 「주어+술어」와는 별도로 "this book is ..."라는 또 하나의 「주어+술어」가 있게 됩니다. 그러나 또 한 가지 방법이 있습니다. 학생이 한 번 대답해 보세요.

 혹시 I think this book easy. 인가요?

맞습니다. 잘 했어요. 5형식 문장을 이용한 대답이 나왔지요. 5형식 문장이라는 것은 이와 같이 "I think"라는 「주어+술어」 뒤에 또 하나의 「주어+술어」에 해당되는 단어나 어구를 이어서 나열하는 방법입니다. 이 경우에는 "this book"이라는 주어와 "easy"라는 술어가 그대로 나열되어 있습니다.

5형식 문장의 규칙

물론 일반적인 문장에서는 "This book easy."가 되면 문장이 되지 않습니다. 하지만 5형식 문장인 경우에는 형용사를 술어로 사용하면 된다는 규칙이 있는 셈이지요.

하나만 더 예를 들어 볼까요? 「나는 그가 영어를 더 공부하도록 충고했다.」 이것도 두 쌍의 주어와 술어가 있는 문장입니다. 이 문장을 영어로 고치면?

 I advised him to study English harder.

그렇지요. 5형식 문장을 이용해서 답해 주었어요. "I advised"라는 「주어+술어」 뒤에 「그가 영어를 공부하다」라는 또 하나의 「주어+술어」가 이어지지요. 물론 이것도 일반적인 문장으로는 "Him to study English harder."가 되지만 이러면 문장이 되지 않지요.

두 가지 예에서 이해가 됐겠지만 5형식 문장이란 진짜 「주어+술어」에 또 하나의 「주어+술어」가 오게 되는 것인데 또 하나의 「주어+술어」는 약간 꼬여 있어요. 먼저, 주어는 목적격으로 할 것(예를 들어 he가 아니라 him으로 할 것),

그리고 술어는 하나의 형용사가 될 때도 있고 혹은 to부정사가 될 때도 있다는 것입니다.

그런데 아까 그 문장을 영어로 다르게 고칠 수가 있는데..

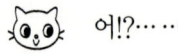 어!?……

아까 이야기했지만 that절을 사용해서

- I advised that he should study English harder.

라고 해도 되지요. 정리해 볼까요?

┌───┐
│ 「생각하다」   │
│ think that S + V ←교환가능→ think + 명사 + 형용사   │
│   │
│ 「충고하다」   │
│ advise that S + V ←교환가능→ advise + 명사 + to부정사 │
└───┘

자, 지금부터가 중요합니다. 주의해서 잘 들으세요. 「생각하다」나 「충고하다」 등과 같이 어떻게든 「두 쌍의 주어+술어」가 필요한 동사가 있습니다. 그리고 대부분의 경우 그 「두 번째 쌍의 주어+술어」는 that절을 사용하거나 5형식 문장으로 하는 두 가지 방법이 있다고 할 수 있습니다.

그리고 5형식 문장으로 하는 경우는 두 번째 쌍의 술어의 부분이, 경우에 따라서 형용사를 집어 넣게 되어 있거나 to부정사이거나 혹은 둘 중 하나입니다. 그러니 동사 하나 하나를 어느 정도 외울 수 밖에 없겠습니다.

지각동사 hear, watch, feel

자, 그럼 이제「나는 그들이 레스토랑에서 말다툼하는 소리를 들었다.」에 대해 생각해 볼 시간이 왔습니다. 오답의 예에서는,

• I heard that they were arguing in the restaurant.

와 같이 that절을 사용함으로서 「나는...들었다」라는 「주어+술어」와 「그들이... 말다툼하고 있다」라는 「주어+술어」를 나타내고 있습니다. 그렇다면 이 말을 5형식 문장으로 고쳐 볼까요?

    I heard them arguing in the restaurant.

그렇습니다. "I heard..."라는 「주어+술어」 뒤에 「그들이 말다툼하다」라는 부분을 "them arguing..."이라 해서 붙였어요. 술어부분을 자연스럽게 ~ing 형으로 고친 것은 어디서 좀 배운 것 같죠?
    advise의 경우는,

• I advised them to study English harder.

와 같이 술어부분이 to부정사입니다.
    일단 문법적인 사항을 복습합시다. hear는 지각동사로 쓰입니다. 지각동사란 「보다」(watch, see 등), 듣다(hear 등), 느끼다(feel 등)등이며, 이러한 동사는 5형식 문장에서 사용하게 되면 또 하나의 「주어+술어」의 부분에서 술어는 원형이나 ing형이 되는 것입니다.
    예를 들어, 「나는 아이들이 놀고 있는 것을 보았다.」라고 한다면,

• I saw the children play. 혹은
• I saw the children playing.

둘 중의 하나로 표현됩니다. 원형으로 하는 것과 ~ing형으로 하는 것은 의미가 비슷하지만 굳이 차이를 말하자면 ~ing형은 진행형과 마찬가지라고 생각하면 됩니다.

즉, 원형을 쓰면 「…가 ~하는 것을 보다」인 데에 비해 ing형을 쓰게 되면 「…가 ~하고 있는 것을 본다」라고 할 정도의 차이입니다. 하지만 「나는 사람들이 시간이 돈이라고 말하는 것을 종종 듣는다.」라는 식의 문장을 영작할 때는 원형을 사용해서

- I often hear people say that time is money.

라고 하는 것이 좋습니다. 그 이유는 습관은 현재형이라고 했던 것을 기억해 주시면 되겠지요.

> **Point**
> 지각동사 (= 「보다」「듣다」「느끼다」)
> hear[watch, feel 등] + 명사 + 원형[ing형]

hear의 주의해야 할 용법

자, 여기까지는 문법에서도 배우는 사항이었지만 문제는 지금부터입니다. think든 advise든 두 쌍의 「주어+술어」를 that절을 사용하는 방법과 5형식 문장을 사용하는 방법의 두 가지 방법으로 나타낼 수 있었습니다.

그렇다면 이번 문제에서도 I heard that they were arguing ... 처럼 that 절을 쓰거나 혹은 I heard them argue[arguing]라는 5형식 문장을 쓰더라도 괜찮지 않을까요? 사실 둘 다 문법적으로는 옳은 문장입니다.

주의! 그런데 hear의 경우에는 예외적인 것인데 어느 문형을 택하느냐에 따라 의미가 달라지는 것입니다.

「쟤가 시험에 합격했다고 들었어.」「쟤가 소리치는 걸 들었어.」에서는 무엇이 다를까요?

그렇습니다. 영어도 똑같습니다. hear에는 '정말로 소리를 듣는다' 는 뜻 외에도 '소문으로 듣다라' 는 뜻이 또 있습니다.

그리고 that절을 택한 경우에는 「소문으로 듣다」, 5형식 문장을 썼을 경우에는 「소리를 듣다」의 뜻이 됩니다. 그렇기 때문에 오답의 예는 문법적으로 틀린 건 없지만 「그들이 말다툼하고 있던 것 같아.」라는 뜻이 되는 것입니다.

hear that S + V ... 「(소문으로)듣다」
hear + 명사 +원형 [~ing형]... 「(소리를) 듣다」

| Answer | I heard them arguing[argue] in the restaurant.

 다음 우리말을 영작하시오.
(1) 한밤중에 누군가가 문을 두드리는 소리가 들렸습니다.
(2) 그녀가 약속을 어겼다고 들어서 그는 놀랐다.

[해답편 p.288]

Lesson 08 5형식 문장의 맹점(2)
주의해야 할 지각동사 see

문제	▶ 나는 오늘 길에서 어린이가 트럭에 치이는 것을 보았습니다.
오답의 예	▶ I saw that a child was hit by a truck today.

see = 「보다」 뿐만이 아니다

자, 이어서 지각동사에 관한 이야기를 계속하겠습니다. 먼저 여러분에게 묻겠습니다. "see"라는 단어는 어떤 뜻을 가지고 있을까요?

 「보다」……．

 그리고 또?

 ……．

「보다」라는 뜻 밖에 모른다면 작문 뿐만 아니라 문법문제나 독해문제를 풀 때도 고생할 거예요. 먼저 하나는 「알다, 이해하다」입니다.

- From the way she spoke, I saw that something had happened to her.
  그녀가 말하는 투로 봐서 무슨 일인가가 그녀에게 일어났음을 알았다.

또 하나는 「배려하다」라는 뜻이 있습니다.

- Please see that every door is locked.
  모든 문이 잠겨 있도록 해 주십시오.

두 가지 의미를 나타낼 때는 모두 that절을 선택하도록 합니다. 역으로 「보다」라는 의미일 때는 절대로 that절을 쓸 수 없으며, 지각동사로서 5형식 문장을 사용해야만 하는 것입니다.

- I saw a child play[playing].

이라는 형태로 「나는 아이들이 노는 것을(놀고 있는 것을) 보았다.」가 됩니다. 정리해 둡시다.

> **Point**
> see that S + V... 「이해하다」「배려하다」
> see + 명사 + 원형[~ing형]... 「보다」

이렇게 해서 이번 문제도 that절을 사용한 게 틀린 원인이었습니다. 그렇다면 그 첫 번째 해결책은,

| Answer | ① I saw a truck hit a child on the street today.

이 문장은 hitting이라고 해도 문법적으로는 맞지만 「트럭이 치려고 하는 것(순간)을 보다」라는 것도 어색하니까 원형을 쓰는 것이 더 좋습니다.
또는 지각동사로 또 하나의 「주어+술어」가 수동의 관계에 있는 경우에는 「술어」 부분을 과거분사나 being+p.p.의 형태로 하면 되는 것은 알고 있지요? 예를 들면,

- I heard my name called on the street.
  나는 길에서 내 이름이 불리는 것을 들었다

- I saw the house being pulled down.
  나는 그 집이 무너져가는 것을 보았다

이런 식으로 사용되었습니다.

 지각동사 + 명사 + p.p.　　　…이 ~되는 것을 보대[듣다]
지각동사 + 명사 + being + p.p.　…이 ~되어가는 것을 보대[듣다]

그렇다면 문제의 「아이가 치이다」라는 수동태를 충실하게 영어로 옮기면 다음과 같습니다.

|Answer|　② I saw a child hit by a truck on the street today.

라고 할 수도 있겠지요. 단, 이 hit은 물론 과거분사입니다.

 다음 우리말을 영작하시오.

(1) 거리에 많은 빈 캔이 버려져 있는 것을 보고 나는 충격을 받았다.
(2) 날씨가 풀리면 런던의 공원에서 당신은 수영복으로 잔디밭에 누워 있는 많은 사람들을 볼 수 있다.

[해답편 p.288]

Lesson 09   5형식 문장의 맹점(3)
사역동사의 용법

문제	▶ 그녀는 머리를 짧게 잘라서 어린 소녀처럼 보인다.
오답의 예	▶ She cut her hair short and now looks like a little girl.

그러면 지각동사에 대해 이해했으니 조금만 더 5형식 문장의 동사를 배우도록 합시다. 이번에는 사역동사입니다. 이름 정도는 들어봤지요?

make, have, let 사역동사

그런데 이번 오답의 예는 어디가 틀렸을까요? 이번에는 문법적으로는 틀린 곳이 없습니다. 하지만 이렇게 되면 자기가 자기 머리를 자른 것처럼 되잖아요? 물론 정말로 자기가 자기 머리를 잘랐을지도 모르지만 아마 이발소나, 여학생이면 미용실에서 머리를 잘랐을 거예요.

She cut her hair……

우리말은 이런 의미에서 참 모호한 면이 있지요? 자기가 뽑은 것도 아닌데 「사랑니를 뽑다.」이런 식으로 표현하잖아요. 자기가 뽑았으면 대단한 것이지요. 하지만 사실은 치과의사 선생님이 뽑아준 거잖아요.

그러니까 이런 표현은 우리말로 간단히 되어 있더라도 상식적으로 생각해서 보충해야 할 점은 보충해서 영작하지 않으면 안 되는 것입니다. 그래서 사역동사가 등장하는 것이지요. 사역동사는 3개가 있습니다. make, have, let입니다. 먼저 뜻의 차이를 확실히 정리해 둡시다.

	make ...	상대방이 싫어하는 것을 억지로 시키다.
have ...	손님이나 상사나 부모와 같은 윗사람이 아랫사람에게 시키다.
let ...	상대방이 자발적으로 하고 싶어하는 일을 하도록 허락하다.

그렇다면 뜻으로 봐서는 「미용사에게 머리를 자르게 하다」는 have를 사용하는 것이 나을 것 같습니다.

그리고 3개의 동사 모두, 「나는 가방을 옮기도록 했다.」와 같이 「두 쌍의 주어+술어」를 조합해서 사용하는 동사이므로 5형식 문장을 사용합니다. 그렇다면 「제2의 술어」부분이 어떤 형태가 되는지는 주의해서 판단해야 합니다. make를 예로 들어 살펴봅시다.

- Their teacher made them learn that poem by heart.
  그들의 선생님은 그들에게 그 시를 암기하도록 했다.

- She made her room cleaned immediately.
  그녀는 그녀의 방을 즉시 청소하도록 했다.

지각동사 때와 마찬가지로 "Their teacher made ..."라든지 "She made ..."와 같은 「주어+술어」뒤에 또 하나의 「주어+술어」가 이어집니다. 그리고 바로 그 부분이 「그들이...암기하다」와 같이 능동인 경우에는 원형(지각동사와는 달리 ~ing형은 안 되지요), 「방이 청소되다」와 같이 수동인 경우는 과거분사를 사용하는 것입니다.

| | 사역동사 + 명사 + 원형 | 「~이 …하도록 하다 · 허락하다」 |
| 사역동사 + 명사 + p.p. | 「~이 …되도록 하다 · 허락하다」 |

그렇다면 「미용사가 자르도록 하다」로 볼 것인지 「머리가 잘리도록 하다」라고 볼 것인지에 따라 이 문제도 두 개의 정답을 얻을 수 있습니다.

| Answer | ① She had the hairdresser cut her hair short and now looks like a young girl.

② She had her hair cut short and now looks like a young girl.

굳이 「미용사」라는 말을 넣을 필요는 없을 테니까 이럴 때는 정답②가 더 좋을 것입니다.

 다음 우리말을 영작하시오.

(1) 이 시계 고장났네. 고치는 게 좋겠어.

(2) 가족과 함께 살고 있으면 식사도 빨래도 모두 어머니가 하시게 된다.

[해답편 p.289]

Lesson 10 | 5형식 문장의 맹점(4)
경험피해동사의 용법

문제	▶ 나는 내 친구로 인해 30분 넘게 기다렸다.
오답의 예	▶ I was waited for more than thirty minutes by my friend.

이 문제는 「내 친구로 인해」라는 부분 때문에 자칫 수동태로 오해하기 쉬운 문장일 수도 있습니다. 하지만 문장의 의미를 생각해 보면 수동이 아니라는 것을 금방 알 수 있겠지요?

경험피해동사란?

그럼 여기서 깜짝 퀴즈입니다. 「그가 그녀를 사랑한다.」라는 말이 있습니다. 이 문장을 수동태로 하면 「그녀는 그에게 사랑 받고있다.」가 됩니다. 당연하지요? 마찬가지로 「그녀는 내 머리를 때렸다.」라는 문장을 수동으로 바꿔 보세요.

 「나는 그녀에게 머리를 맞았다.」

 하하하! 함정에 넘어 갔군요. 「내 머리가 그녀에게 맞았다.」가 아닌 가요?

 아차, 맞다!

 다른 학생들도 알았지요? 그럼 퀴즈 하나만 더 내겠습니다. 「그녀는 내 케이크를 먹었다.」

「내 케이크는 그녀에게 먹혔다.」

그렇지. 이번에는 바로 맞혔네. 다른 학생들도 알았어요? 「그녀가 케이크를 먹다.」가 능동입니다. 역으로 「케이크가 그녀에게 먹히다.」가 수동입니다. 더 어색하기는 하지만 「내 케이크가 먹혔다.」라고도 할 수 있겠지요. 이런 말투는 수동처럼 보이지만 사실은 피해를 나타내는 것입니다. 그럼 이 문장을 볼까요?

「내 꽃병이 깨졌다.」를 영어로 고치면,

- **My vase** was broken.

이렇게 「꽃병」을 주어로 해서 수동태로 표현할 수도 있습니다. 하지만 또 한 가지 방법이 있어요. 그게 지금부터 배울 방법입니다.

그것은 경험피해동사를 사용해서 5형식 문장으로 표현하는 방법입니다. 경험피해동사에는 몇 가지가 있지만 영작문을 하려면 keep, have 정도만 알아두면 됩니다.

경험피해동사
keep… 자신의 의사로 「~가 계속 …할 수 있도록 내버려두다」
have… 자신의 의사와는 상관없이 「~가 계속 …하는 것을 내버려두다」

keep과 have의 구분

아마 keep은 어느 정도 익숙할 테니 먼저 keep을 생각해 봅시다. 「상사는 우리가 일하는 것을 그대로 내버려두었다.」라는 문장은 「상사는 …그대로 내버려두었다」와 「우리가 일하다」의 두 개의 「주어+술어」가 있기 때문에 지금까지 다루었던 사역동사나 지각동사 등과 마찬가지로 5형식 문장으로 표현합니다.

- Our boss kept us working.

「일하다」의 부분이 반드시 ~ing형이 되는 것이 경험피해동사의 특징입니다. 역으로 이런 문장은 어떨까요? 「나는 개를 나무에 묶어두었다.」

- I kept my dog tied to the tree.

「내가 ... 그대로 내버려두었던」것은 「개가 나무에 묶인 상태」입니다. 사역동사 등과 마찬가지로 이 부분이 「개가...묶이다」와 같이 수동태가 될 때는 과거분사를 쓴다는 것이 문법상의 약속이라 할 수 있습니다.

| 경험피해동사 + 명사 + ...ing | 「~가 …하는 것을 내버려 두다」 |
| 경험피해동사 + 명사 + 과거분사 | 「~가 …되는 것을 내버려 두다」 |

이렇게 have나 keep은 같은 형태로 사용하면 되는 겁니다. have는 「가지다」라는 뜻 외에도 사역동사로 사용하거나 여러 다른 역할을 가지고 있지만 경험피해동사로 사용하면 「다른 사람이 무엇인가 하는 것을 (당하고 있는 것을) 수수방관하고 있다」의 의미가 됩니다.

이와 같이 keep이 「~을 당하다」의 의미가 강한 데 비해 have는 자신의 의사와는 상관없이 진행되고 있는 일을 그저 수수방관하고 있다는 느낌입니다.

- I can't have you telling a lie.
  네가 거짓말을 하는 것을 그저 보고만 있을 수는 없다.

- I had my wallet stolen in the market place.
  나는 시장에서 내 지갑이 도둑맞는 것을 그저 방관하고 있을 수밖에 없었다.

이러한 동사를 사용하게 되면 피해를 나타내는 「~을 당하다」는 영어로 아주 잘 옮길 수 있음을 알 수 있습니다. 다시 한 번 「내 꽃병이 깨졌다.」라는 문장을

생각해 봅시다. 「꽃병이 깨지는」것을 「나는 수수방관하고 있었다」라고 생각한 다면,

- I had my vase broken.

과 같이 됩니다. 어떻습니까? 편리하지요?
　그럼 문제로 돌아갈까요. 잘 생각해 보면 「나는 친구를 기다렸다.」라고 말하고 있을 뿐입니다. 전혀 수동태로 만들 필요는 없는 것이지요.

- I waited for my friend.

라고 능동태로 쓰면 충분합니다. 굳이 「기다리게 했다」는 피해를 나타내고 싶다면 「내가 기다리는 상태로 친구가 내버려 두었다」라고 생각해서,

- My friend kept me waiting.

이렇게 됩니다. 수동으로 표현한다고 하더라도 「기다리게 했다」라는 수동이 아니라 「내버려둠을 당했다」라는 수동이라 생각해서,

- I was kept waiting.

이라고 해야 합니다.

| Answer |　My friend kept me waiting for more than thirty minutes. 혹은
　　　　　I was kept waiting for more than thirty minutes by my friend.

 다음 우리말을 영작하시오.
(1) 우리는 야유회를 갑작스러운 비로 망쳤다.
(2) 나는 한국인이 예의바른 민족이라고 생각했었다. 한국에 와서 내 환상이 깨졌다.

[해답편 p.290]

Lesson 11 5형식 문장의 맹점(5)
5형식 문장에서 to부정사를 사용하는 동사

문제	▶ 그는 사업차 뉴욕으로 가지 않을 수 없었다.
오답의 예	▶ He could not help going to New York on business.

자, 이제 5형식 문장의 이야기도 이번이 마지막입니다. 지금까지 5형식 문장에서 「지각동사, 사역동사, 경험피해동사」 3종류를 다루었습니다. 모두 「두 쌍의 주어+술어」를 사용하는 문장을 영작하는 데 효과적이라는 점을 알겠지요?

「두 쌍의 주어+술어」중 뒤의 술어는 원형이 되거나 ~ing형이 되거나 여러 가지 형태가 되기 때문에 귀찮게 생각될지도 모르지만 이건 꼭 익혀둬야 합니다.

5형식 문장을 만드는 기타 동사

5형식 문장을 만드는 데 또 하나의 동사 그룹이 있습니다. 이 그룹에는 「지각」이나 「사역」과 같은 이름이 붙어있지 않은데요, 앞에서 이런 문장을 다룬 적이 있지요.

- I advised the student to study harder.
  나는 그 학생이 더 열심히 공부하도록 충고했다.

「나는…충고했다」라는 「주어+술어」에 대해 「그 학생이…공부하다」라는 또 하나의 「주어+술어」가 있습니다. 이 술어부분이 「to부정사」가 되는 것이 5형식 문장의 네 번째 종류의 동사입니다. 여기에 해당되는 동사는 상당히 많습니다. 대표적인 동사들을 확인해 볼까요?

> **Point** 기억!
> tell + 명사 + to부정사 「~가 …하도록 지시하다」
> ask + 명사 + to부정사 「~가 …하도록 부탁하다」
> want + 명사 + to부정사 「~가 …하도록 바라다」
> tempt + 명사 + to부정사 「~가 …하도록 유혹하다」
> force + 명사 + to부정사 「~가 …하도록 강요하다」

아직 더 많이 있지만 이 정도로 해 둡시다. 모두 알고 있는 것이 아니던가요? 그럼 이 중에서 하나를 사용해서 영작을 하나 해 보지요. 「그는 갑자기 중국어를 공부하고 싶어졌다.」어때요?

 네!?

 무슨 사정으로 인해 「유혹되었다」고 할 수 있지요?

 어, 그렇군요! He was tempted to study Chinese.

좋습니다. 위와 같이 수동태로 쓸 경우에도 이 동사들은 이용가치가 높지요. 그렇다면 앞의 문제도 「뉴욕에 가도록 강요받았다」라고 생각하면 다음과 같이 표현할 수 있겠지요.

| Answer | ① He was forced to go to New York on business.

또는 더 쉽게 have to를 써도 물론 좋습니다.

| Answer | ② He had to go to New York on business.

'cannot help ~ing'의 용법

오답의 예의 'cannot help ~ing'에 대해서는 숙어집 등에 「~하지 않을 수 없다」는 뜻으로 적어놓는 경우가 많아서 수험생들이 자주 사용하는 표현인데 이것은 어디까지나 「무의식적으로 나도 모르게 ~해 버리다」라는 뜻입니다. 예를 들면,

- I could not help laughing at his joke.
  나는 그의 농담에 나도 모르게 웃어버렸다.

이런 식으로 사용하는 겁니다. 설마 정신을 차려보니 무의식적으로 뉴욕에 가버린 것은 아닐 테니까 이 문제에서 그 숙어를 사용하면 이상하지요.

 다음 우리말을 영작하시오.

(1) 요즘 모든 부모들이 아이를 대도시의 대학에 보내고 싶어한다.
(2) 우리는 막차를 놓쳐 버렸기 때문에 택시를 잡지 않을 수 없었다.

[해답편 p.290]

제 3 회　수동태의 맹점

Lesson 12　수동태의 맹점(1)
수동태의 시제에 주의

문제	▶ 곡이 연주되고 있을 때 갑자기 누군가의 휴대폰이 울렸다.
오답의 예	▶ Someone's cellular phone rang while the song was played.

　이번에는 먼저 단어에 관한 이야기부터 할까요?「휴대전화」를 영어로 뭐라고 하는지 알고 있습니까? 몇 가지 표현이 있지만 미국에서 가장 보편적인 표현이 a cellular phone 이랍니다.

수동태의 표현법

　자, 이번 포인트는 수동태 시제입니다. 지극히 당연하지만 수동태 문장의 시제는 능동태의 문장의 시제와 같습니다. 즉 능동태에서 진행형을 써야 하는 문장에는 수동태라도 진행형을 쓴다는 것입니다. 능동태에서 완료형을 사용해야 할 문장에는 수동태라도 완료형을 사용한다는 것입니다.

　먼저 수동태의 시제를 어떻게 만드는지 확인해 둡시다. 수동태는「be+p.p.」입니다. 이 be동사를 각각의 시제로 하면 됩니다. 예를 들어, 진행형은「be+~ing」이기 때문에 be being+p.p.」가 진행형 수동태입니다. 완료형은「have+p.p.」이므로 have been +p.p.」가 완료형 수동태입니다.

수동태의 시제는 **능동태의 시제와 같다!**
진행형　　be being+p.p.
완료형　　have been+p.p.

능동태로 생각하기

예를 들어, 「다리가 지금 건설중이다.」를 영어로 뭐라고 할까요?

 음...A bridge is built now.

아니지요. 지금 현재형을 썼지요? 방금 그 문장을 능동태로 고치면 어떻게 될까요?

- They build a bridge now.

이렇게 되지요. 이 문장은 바른 문장일까요? Lesson 1에서 배웠듯이 "build"라는 동작을 나타내는 동사를 현재형으로 쓰면 습관 밖에 나타낼 수가 없기 때문에 그래서는 안 되지요. 진행형으로,

- They are building a bridge now.

라고 해야 되지요. 그렇다면 수동태로 쓰더라도 진행형을 사용해야 하는 거예요.

- A bridge is being built now.

이게 정답입니다. 그렇다면 앞의 문제로 돌아가서, Lesson 5에서 배웠던 「점과 선의 관계」를 기억하지요?「곡을 연주 중」이라는「선」안에서「전화벨이

「울리다」라는 「점」이 일어났기 때문에 「점」은 과거형으로 쓴다면 「선」의 부분은 과거진행형이어야 하는 것입니다. 능동태로 쓰려면,

- Someone's cellular phone rang while they were playing the song.

입니다. 그렇다면 수동태로 쓰더라도 다음과 같이 되겠지요.

| **A**nswer | Someone's cellular phone rang while the song was being played

무리하게 수동태로 쓸 필요는 없지만 만약에 수동태를 사용하고자 하는 경우는 일단 능동태로 생각해 보는 것이 중요합니다.

 다음 우리말을 영작하시오.

(1) 옛부터 한국에서는 일하는 것이 좋은 일이라고 간주되어 왔다.
(2) 사람들을 갈라 놓았던 수많은 장벽들이 인터넷에 의해 제거되려고 하고 있다.

[해답편 p.290]

Lesson 13 수동태의 맹점(2)
동사의 어법에 주의

문제	▶	나는 그 사람을 소개받았을 때 전에도 만난 적이 있는 것 같은 생각이 들었다.
오답의 예	▶	When I was introduced that person, I thought I had seen him before.

전에도 5형식 문장에서 조금 다루었지만 능동태의 목적어가 주어가 되는 것이 수동태의 문장이라는 점을 다시 한 번 확인해 둡시다.

전에도 배웠지만 「나는 돈을 도둑질당했다.」라는 문장을 다시 한 번 생각해 보지요. "steal"이라는 동사는 "steal+사물+from+사람"이라는 형태로 사용합니다.

• Someone stole money from me.

이 문장의 목적어는 "money"이기 때문에 수동태로 했을 때 주어가 되는 것은 물론 "money"입니다.

• Money was stolen from me.

목적어 money를 주어로 해서 「돈이 내게서 훔쳐졌다.」라는 식의 수동태 밖에 만들 수 없는 것입니다.

• I was stolen money. (×)

라고 하면 안 됩니다. 만약 「나」를 주어로 하고 싶다면 경험피해동사의 have를

사용해서,

- I had money stolen. (○)

이라고 하면 되지요. introduce라는 단어로 똑같이 생각해 보겠습니다. introduce는 "introduce A to B"「A를 B에게 소개하다」라는 것이 바른 어법입니다. 그러면「친구가 그 사람을 내게 소개했다.」는 문장을 능동태로 쓰면,

- My friend introduced that person to me.

이렇게 됩니다. 그럼 이 문장을 수동태로 고쳐보세요.

That person was introduced to me (by my friend).

맞습니다.「그 사람이 내게 소개되었다.」라는 식의 수동태가 되지요. 그렇다면 정답 중의 하나는 이렇게 되겠습니다.

| Answer | ① When that person was introduced to me, I thought I had seen him before.

「숙어의 수동태」의 주의할 점

약간 복잡하지요?「그 사람이 내게 소개되었을...」이라고 하니까요. 여기 또 한 가지 수동태를 만드는 다른 방법이 있습니다. 아마도 문법적 지식으로 여러분도 알고 있을 것이라 생각되는데, 예를 들어,

- He looks after the baby.
  그는 그 아기를 돌보다.

이 문장을 수동태로 하면 어떻게 될까요?

 The baby is looked after (by him).

그래요. 문법적으로 「숙어의 수동태」라는 것이 나왔네요. "look after"는 「돌보다」라는 뜻의 숙어입니다. "look after"를 하나의 동사(타동사)로 보는 것이지요.

- He looks after the baby.
  S   V   O

본래 look은 자동사이므로 목적어가 없어서 수동태를 만들 수가 없는데 이렇게 생각함으로서 "the baby"를 목적어로 간주하고 수동태를 만들 수 있게 되는 것입니다.

- The baby is looked after (by him).

주의! "look after"를 하나의 동사로 봐야 비로소 수동태를 만들 수 있게 되는 것이니 수동태로 만들었을 때 "after"를 잊어버려서는 안 됩니다.

잠깐 연습해 볼까요. 예를 들어, "pay attention to~" 「~에 주의를 기울이다」라는 숙어가 있습니다. 이 숙어를 사용해서 「이 사실에 주의를 기울여야 한다.」라는 문장을 수동태로 표현하면 어떻게 될까요?

 음... This fact must be paid attention ... ?

어? 뭔가 모자라지 않나요?

 참! This fact must be paid attention to

맞아요. "to"는 우리말에서는 생각 안 해도 될 것처럼 보이지만 빠뜨리지 않도록 하세요.

여러분 알겠지요? 약간 억지 같기도 해서 너무 남용하면 곤란하겠지만 이런 식으로 하면 수동태를 사용할 수 있는 범위가 상당히 넓어지게 됩니다. 그럼 앞의 문제로 돌아가겠습니다. 능동태로 하면 다음과 같은 문장입니다.

- My friend introduced that person to me.

"introduce"만을 동사라고 생각하면 아까도 살펴보았듯이 "that person"이 목적어가 되기 때문에 수동태를 했을 때는 「그 사람이 내게 소개되다.」라는 문장으로 밖에 표현할 수가 없었습니다. 그런데 「내가 ... 소개되다」라는 식으로 「나」를 주어로 해서 수동태로 표현하고자 할 때에는 먼저 윗 문장의 "me"를 목적어로 해서 억지로 동사구를 만들어 보세요.

- My friend introduced that person to me.
  S   V   O

어때요? 이제 위의 문장을 보면서 수동태로 한번 고쳐봅시다.

 I was introduced that person to (by my friend).

아주 잘 했어요! 그렇다면 앞의 문제의 정답은 다음과 같이 되겠지요.

| **A**nswer |　② When I was introduced that person to, I thought I had seen him before.

　다시 한 번 오답의 예와 비교해 보세요. 매우 유사하지요? "when ..."절 마지막에 "to"가 붙어있고 없고의 차이 밖에 없습니다. 단지 전치사 하나예요. 없는 게 오히려 더 간결할 것 같은 "to"입니다. 하지만 "to"가 없으면 문법적으로 완전히 잘못된 문장이 되어버린다는 점 이해하셨겠지요?
　여기서 한 번 더 확인해 둡시다. 수동태는 의외로 틀리기 쉬우므로 되도록 쓰지 않으면 더 좋겠지요. 즉 능동태로 쓰는 것입니다. 어쩔 수 없이 수동태를 써야 하는 경우라도 먼저 능동태로 어떤 문장이 되는지 반드시 확인해 보도록 합시다.
　그리고 앞에서도 살펴보았듯이 시제와 이번에 배운 동사의 어법에 주의하면서 수동태를 만들어 보세요. 무조건 수동태로 만드는 것은 오답이 되기 쉽습니다.

 다음 우리말을 영작하시오.

(1) 전철이 왜 늦었는지 설명되지 않았다.
(2) 그 유명한 가수는 주간지에 사생활을 폭로 당했다.

[해답편 p.291]

제 4 회 형용사의 불가사의

Lesson 14 형용사의 불가사의(1)
형용사와 명사의 궁합

문제	▶ 길이 막혀서 그는 회의에 늦었다.
오답의 예	▶ He was late for the meeting because the road was heavy.

「시제」, 「5형식 문장」, 「수동태」로 계속된 동사와 관련한 이야기는 이제 끝내고 이제는 형용사로 들어갑니다. 형용사에서 먼저 주의할 것은 어떤 명사를 수식하려면 어떤 특정한 형용사를 사용한다는 것입니다.

예를 들면, 「신호가 파란 불로 바뀌다.」라고 보통 말하지만 신호등은 실제로는 녹색이 아니던가요? 하지만 우리말로 「신호가 파란 불이다.」라고 합니다. 이것은 논리가 아니라 습관의 문제이지요. 칠판(blackboard)도 검지 않지요?

그러니 우리말이나 영어나 「이 명사에는 이 형용사로 수식한다」는 규칙을 모두 기억해야 하는 것입니다. 우리말을 공부하는 외국인들이, 고양이는 「한 마리」인데 옷은 「한 벌」이고 종이는 「한 장」 등으로 말하여 외우기 힘들다고 합니다. 이처럼 비슷한 고생을 영어를 공부하는 우리도 조금은 해야 하는 겁니다. 물론 우리말과 영어의 감각이 비슷한 부분은 굳이 기억하지 않아도 되지만요.

a strong rain과 a heavy rain

예를 들어, 강우량이 많을 때 우리말로 「강한 비」, 「폭우」라고 하지만, 「강한 비」라고 해서 a strong rain이라고 하거나, 「폭우」라고 해서 a hard rain이라고 하면 이상한 말이 되지요. 여러분도 알다시피 「폭우」는 a heavy rain이라고 합니다. 우리말로는 「무거운 비」라고는 표현하지 않는데 말이지요.

이렇게 우리말과 영어가 서로 감각이 다른 것은 어느 정도 암기할 필요가 있는 것이지요.

> 기억!

heavy/light를 쓰는 것	rain/ snow/ traffic
large/small을 쓰는 것	number/ audience/ salary/ income/ population
high/low를 쓰는 것	price
기타 주의해야 할 것	「얼굴이 창백하다」는 pale 「신호가 파랗다」는 green

이것은 모두 형용사와 명사의 「궁합」의 문제입니다. 즉, 우리말로 「가격」은 「비싸다, 싸다」로 표현합니다. 그런데 영어로는 price는 high/low로 수식합니다. 그러니까 「그 책의 가격은 비싸다[싸다].」는 것은,

- The price of this book is high[low].

라고 표현합니다. 그러나 expensive「(가격이) 비싸다」· cheap「(가격이) 싸다」이라는 형용사도 있지요. 따라서, 「이 책이 비싸다[싸다].」라는 것은,

- This book is expensive[cheap].

가 됩니다. 이 두 문장을 혼동해서는 안 됩니다.

앞의 문제를 살펴보면, traffic「교통(량)」은 heavy로 수식한다는 것은 이제 여러분도 알겠지요? 하지만, 우리말로 「길이 막히다」라고 말하지 「교통량이 혼잡하다」라고는 말하지 않잖아요? 그런데 가끔 road「길」가 주어인데도 「혼잡하다」=heavy라고 잘못 생각한 나머지 "the road is heavy"와 같은 실수를 저지르게 됩니다. 「혼잡하다」는 "crowded"입니다.

| Answer | ① He was late for the meeting because the traffic was heavy
　　　　　② He was late for the meeting because the road was crowded

 다음 우리말을 영작하시오.

(1) 중국의 인구는 한국보다 훨씬 많다.
(2) 그 CD는 생각보다 가격이 저렴했다.

[해답편 p.292]

Lesson 15 | 형용사의 불가사의(2)
서술용법과 한정용법

문제	▶ 담배를 피우는 한국인 남자가 많다.
오답의 예	▶ Korean men who smoke are many.

형용사에서 또한 조심해야 할 것이 「한정용법」과 「서술용법」입니다.

난해한 문법용어지만 형용사에는 이처럼 두 가지 용법이 있습니다. a happy boy 「행복한 소년」의 "happy"와 같이 명사를 직접 수식하는 기능(이 경우에 형용사를 「한정용법」으로 사용한다고 함)과 He is happy. 「그는 행복하다.」의 "happy"와 같이 단독으로 보어로 사용되는 기능(이 경우에는 형용사를 「서술용법」으로 사용한다고 함)이 있다는 것입니다.

「결함」이 있는 형용사

형용사 "happy"를 포함해서 거의 모든 형용사는 어느 용법으로라도 사용할 수 있기 때문에 평소에는 특별히 의식할 필요는 없습니다.

그러나 몇 개 「결함」이 있는 형용사, 즉 두 가지 용법 중 어느 한 쪽 밖에는 쓰지 못하는 형용사가 있습니다.

예를 들어, "asleep" 「잠자는」이라는 형용사가 있는데요, 이 형용사에는 「결함」이 있어서 「서술용법」에서는 쓸 수 있지만 「한정용법」으로는 쓸 수가 없습니다. 즉 "He is asleep.(○)" 「그는 잠자고 있다.」라고 쓰는 것은 옳지만, "an asleep baby(×)" 「잠자는 아기」는 틀린 것입니다. 다른 단어로 바꿔야겠지요.

물론, 동사의 "sleep"을 분사로 하면 「잠자고 있는」의 뜻을 나타낼 수 있으므로 "a sleeping baby(○)"라고 하면 되겠지요.

"asleep" 외에도 5개의 형용사가 「서술용법」으로 밖에 쓸 수 없는 형용사가 있습니다. 이것은 문법문제로 자주 출제되고 있으니 여기서 확인하고 넘어갑시다. 모두 철자가 "a-"로 시작하는 것이 특징입니다.

기억!

서술용법으로만 사용되는 형용사	서술용법	한정용법
asleep	He is asleep.	a sleeping baby
awake	He is awake.	a waking man
alive	He is alive.	a living animal
alike	They are alike.	similar-looking brothers
alone	He is alone.	a lonely man

many · few도 「결함」형용사

그리고 형용사 "many"와 "few"도 있습니다. 두 형용사는 반대로 「한정용법」으로는 쓸 수 있지만, 「서술용법」으로는 쓸 수가 없습니다.

즉, "many women"「많은 여성들」은 가능하지만 "Women are many." 「여성은 많다.」는 사용할 수 없는 것입니다. 그 이유는 안타깝게도 대답할 수가 없습니다. "many"라는 형용사가 「결함」형용사이기 때문이라고 밖에 대답할 수가 없어요.

그래서 어쩔 수 없이 「서술용법」에서는 "numerous"라는 형용사를 쓰게 됩니다. 이 형용사는 "number"「수」의 형용사형으로 「다수의」라는 뜻입니다.

"few"도 마찬가지입니다. "few people"과 같이 쓸 수는 있지만 "people are few."라는 식으로는 쓸 수 없습니다. 그 대신에 형용사 "rare"「희귀한」를 사용합니다. 다음과 같이 정리해 둡시다.

한정용법으로만 사용되는 형용사	한정용법	서술용법
many	many people	People are numerous.
few	few people	People are rare.

그럼 앞의 문제로 돌아갑시다. 배운 것을 제대로 이해했다면 다음과 같이 쓸 수 있을 것입니다.

| Answer | ① Korean men who smoke are numerous.

또는 「~하는 한국인 남성의 숫자가 많다」라고 생각한다면 다음과 같이 고칠 수 있습니다.

| Answer | ② The number of Korean men who smoke is large.

「수의 일치」와 「시제 일치」에 주의

주의할 것은 "the number"가 주어이기 때문에 앞에서 배웠듯이 술어는 이에 대응해서 "large"가 되어야 합니다. 그리고 어디까지나 "the number"「수」라는 단수명사가 주어이므로 동사도 수를 일치시켜 "... is large."라고 해야 합니다. 의미로 봐서는 복수로 혼동하기 쉽습니다.

또 주의해야 할 점이 있습니다. 만약에 이 문제가 「당시 담배를 피우는 한국인 남성이 많았다」라는 과거의 시점이었으면 어떻게 될까요? 정답 ①의 문장은 다음과 같이 고쳐야 할 것입니다.

- Korean men who smoked were numerous.

정답 ②의 문장도 다음과 같이 됩니다.

- The number of Korean men who smoked was large.

즉, 「시제 일치」에 관한 이야기로써, 관계사절 속의 동사인 "smoke"를 반드시 과거형으로 해야 한다는 것입니다. 관계대명사를 다룰 때 다시 한 번 하겠지만 실수하기 쉬운 부분입니다.

그렇기 때문에 관계사는 쓰지 않아도 되는 상황이면 굳이 쓰지 않는 게 좋습니다. 정답 ①, ②는 둘 다 제대로 쓸 수 있으면 괜찮은데 모두 관계대명사를 사용하고 있고 형용사를 사용해도 복잡합니다. 다음과 같은 더 간단한 표현이 있습니다.

| Answer | ③ Many Korean men smoke.

자주 나오는 패턴 「~하는 사람이 많다」

어때요, 간단하지요? 간단한 것이 제일 좋습니다. 가장 권할만한 답이 되겠습니다. 「~하는 사람이 많다」라는 문장을 영작하라는 문제는 자주 나오니까 꼭 익혀두세요.

「~하는 사람이 많다」
해답 ① People who ... are numerous.
해답 ② The number of people who ... is large.
해답 ③ Many people .... ← 적극 추천!!

 다음 우리말을 영작하시오.

(1) 위대한 작가들 중 적지 않은 수가 정식으로 교육을 받은 적이 없었다.
(2) 예전에는 고전음악을 듣는 것을 좋아하는 사람이 많이 있었다.

[해답편 p.292]

Lesson 16 형용사의 불가사의(3)
"다소(多少)"를 나타내는 표현

문제	▶ 그 당시에 배불리 먹은 사람은 거의 없었다.
오답의 예	▶ In those days there were few people who can eat enough.

이번에는 앞서 배운 내용을 복습하겠습니다. 위 오답의 예는 보시다시피 「시제 일치」를 시키지 않은 게 잘못입니다. 「거의 없었다」의 부분은 과거형인데 「먹다」의 부분이 현재형으로 되어있습니다. 문제에서 「먹다」가 현재형이라고 해서 현재를 나타내는 것은 아니지요. 과거형으로 해야 합니다. 이것이 「시제 일치」입니다.

주의!

| Answer | ① In those days there were few people who could eat enough.

「~하는 사람은 적다」의 표현

이번에는 「~하는 사람은 적다」라는 표현에 대해 여러 가지로 생각해 봅시다. 먼저 다음과 같이 쓸 수 있겠지요.

| Answer | ② People who could eat enough were rare in those days.

앞에 나왔던 "rare"라는 형용사의 용법을 참조해 주세요.

| Answer | ③ The number of people who could eat enough was small in those days.

이렇게도 고칠 수 있습니다. "was" 부분이 단수가 되고 보어는 형용사 "small" 이 되는 점을 주의해야 합니다. 하지만 세 가지 답안의 예는 모두 관계사를 쓰고 있습니다. 관계사를 쓰면 시제일치 등을 시켜야 하므로 틀리기 쉽다는 말을 했었습니다. 그래서 권할만한 답은 다음과 같습니다.

| Answer | ④ Few people could eat enough in those days.

관계사를 쓰지 않았기 때문에 실수할 확률이 거의 없지요. 단순하고 좋은 문장입니다. 다음과 같이 정리해볼 수 있습니다.

「~하는 사람은 조금밖에 없다」
해답 ① People who ... are rare.
해답 ② The number of people who ... is small.
해답 ③ Few people .... ← 적극 추천!!

예제 다음 우리말을 영작하시오.
(1) 영어로 자유롭게 의사소통 할 수 있는 한국인은 거의 없다.
(2) 한국에서 주말에 자녀들과 많은 시간을 보내는 아버지는 많지 않다.

[해답편 p.292]

Lesson 17 형용사의 불가사의(4)
형용사의 후치수식

문제	▶ 그들은 역사유적으로 유명한 몇몇 국가를 방문했다.
오답의 예	▶ They visited some countries which was famous for their historic sites.

한 번만 더, 관계사를 사용할 때의 주의점을 살펴보겠습니다.

Point 관계사를 사용할 경우   1. 시제 일치에 주의한다!
　　　　　　　　　　　　　　 2. 수의 일치에 주의한다!

「수의 일치」의 주의할 점

 시제 일치에 대해서는 이미 언급했지만 한 가지 더, 「수의 일치」에도 주의해야 합니다. 다음 두 문장을 비교해 보세요.

　① a child who lives in that city
　　 그 도시에 살고 있는 아이

　② children who live in that city
　　 그 도시에 살고 있는 아이들

동사 "live"의 형태에 주의해 주세요. 이 동사의 주어는 관계대명사의 "who" 입니다. ①에서 "who"는 "a child"을 가리키고 있습니다. 여기서 "who"는 단수명사이므로 "live"에는 3인칭단수 현재형인 -s가 붙어 있습니다. 그런데 ②에서 "who"는 "children"을 가리키는 복수이기 때문에 "live"에는 -s가 붙지 않습니다.

관계대명사인 who나 which가 단수로 취급되는지 복수로 취급되는지는 선행사에 달렸습니다. 좀 번거로운가요?

앞의 문제로 돌아가서 "countries which was famous…"라는 부분을 다시 한 번 살펴 보세요. 시제 일치는 시켰는데 숫자가 일치하지 않지요? 정답은 다음과 같습니다.

| Answer |　① They visited some countries which were famous for their historic sites.

관계사는 이와 같이 용법이 매우 복잡합니다. 될 수 있으면 사용하지 않는 것이 좋습니다. 다른 방법이 없을까요? 있습니다!

Point ▶▶▶ 형용사에 플러스알파가 붙었을 때는 **명사를 뒤에서 수식**한다.

예를 들어, "different"는 「다른」이라는 뜻의 형용사입니다. 형용사이기 때문에 보통 명사 앞에 두며, "a different car"「다른 차」라고 쓰게 되는데, 「다른 차」는 뜻이 명확하지 않습니다. 그래서 「내 것과는 다른..」이라고 할 때에는 "a car different from mine"이라고 하면 됩니다. 형용사 "different"에 "from mine"이라는 「덤」이 붙었을 때는 뒤에서 명사 "a car"를 수식할 수 있습니다.

| Answer |　② They visited some countries famous for their historic sites.

이와 같이 관계사를 사용하지 않고 영작할 수 있습니다. 편리하니까 꼭 익혀 두시기 바래요!

다음 우리말을 영작하시오.

(1) 많은 일본사람들은 여전히 직장에서 먼 거리에 있는 작은 집에 살도록 강요받는다.

(2) 한국말을 어렵게 하는 하나의 측면은 발음은 유사해도 의미가 다른 말들이 많다는 것이다.

[해답편 p.293]

제5회 관계사의 중요 포인트

Lesson 18 관계사의 중요 포인트(1)
관계대명사는 명사

문제	▶ 그가 일하는 회사는 부산에 새 지점을 냈다.
오답의 예	▶ The company which he works has set up a new branch in Busan.

    형용사에 관한 이야기는 이제 끝났고, 이번부터는 「관계사의 중요 포인트」에 대해 배우겠습니다.
    지금까지 관계사와 관련된 몇 가지 중요 포인트를 살펴 보았습니다. 예를 들어, 「시제 일치」, 「수의 일치」와 같은 것들이었지요. 하지만 관계대명사에는 주의해야 할 점이 더 있습니다.

「전치사」에 주의!

    먼저, who나 which는 「관계대명사」라는 사실입니다. 즉 대명사이지요. 예를 들어, 「그가 산 차」라는 표현은 "the car which he bought"라고 하지요? 그럼 「그가 사는 집」은 어떻게 표현할까요? "the house which he lives"가 되나요?

 아닙니다.

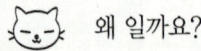 왜 일까요?

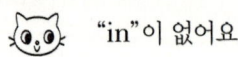 "in"이 없어요.

그렇습니다. "the house which he lives in"으로 하든지 아니면 "the house in which he lives"라고 해야 합니다. 왜냐하면 앞의 예로 말하자면, "which he bought"의 "which"는 대명사이기 때문에 어떤 명사를 대신하고 있단 말입니다. 바로 앞에 나온 선행사 "the car"를 대신하고 있는 것이지요.

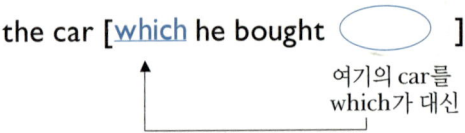

the car [which he bought ○]

여기의 car를 which가 대신

그런데, 「그가 사는 집」이라면 어떨까요? 「~에 살다」는 "live in~" 입니다.

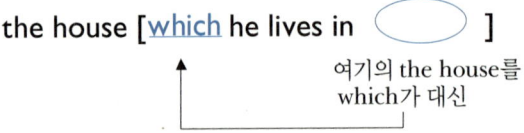

the house [which he lives in ○]

여기의 the house를 which가 대신

위의 그림에서 알 수 있듯이 "which"는 대명사이며 "the house"를 대신할 기능 밖에 하지 않기 때문에 "live in..."의 "in"은 홀로 남게 됩니다.

또는 이와 같이 [전치사+명사]의 형태가 되어있는 명사를 관계대명사로 받아서 앞으로 끄집어 올 때에는 전치사도 같이 붙여서 앞으로 와도 좋다는 사실을 여러분도 알고 있지요?

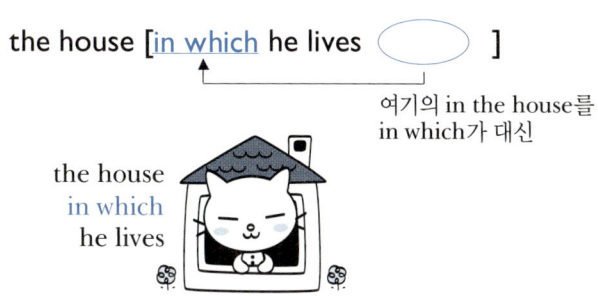

따라서, 전치사 in은 절대적으로 필요한 것입니다.

우리말에는 전치사에 해당되는 말이 없습니다. 그래서 「전치사는 있으나 없으나 마찬가지」라고 생각해서 "the house which he lives"에서 "in"이 없더라도 충분히 의미가 통한다고 생각하기가 쉬운 것이지요.

이 점이 관계대명사를 사용할 때의 또 하나의 함정이 됩니다. 「시제 일치」, 「수의 일치」와 함께 이 점에도 주의하도록 합시다.

Point ▶▶▶ 관계대명사 who, which는 **명사 대용**으로 밖에 쓸 수 없습니다!

잠깐 연습해 볼까요? 「옛날에 야구를 같이 하며 놀았던 친구」는 영어로 어떻게 말할까요?

 음… 「옛날에」는 뭐라고 해야 하나요?

 과거형을 사용하면 되겠지요?

 그럼, a friend whom I played baseball with

그렇습니다. "I played baseball with him."이라는 문장을 머리에 떠올리면서 "him"이 "whom"으로 대체된다고 생각하면 됩니다. 또 다른 방법은?

 a friend with whom I played baseball

그렇습니다. 이번에는 "with him" 전체가 "with whom"으로 대체되면서 앞으로 나왔다고 생각하면 되는 것이지요.

그럼 앞의 문제에 대해 생각해 봅시다. 「그는 그 회사에서 일하고 있다.」라는 말은 영어로 어떻게 할까요?

 He works in the company.

이것도 괜찮지만 Lesson 3에서 배웠었지요. 전치사는 for를 써서 He works for the company.라고 하는 것이 더 좋습니다.

자, 그렇다면 "the company"를 which로 바꿔서 「그가 일하는 회사」라고 하려면 "the company which he works for" 혹은 "the company for which he works"라고 할 수 있습니다. 어느 것으로 하더라도 "for"가 필요합니다.

| Answer | The company which he works for has set up a new branch in Busan.
(= The company for which he works has set up a new branch in Busan.)

 다음 우리말을 영작하시오.

(1) 당신이 이야기하고 있던 사람이 저의 형님입니다.
(2) 그 소설가가 작품을 썼을 때의 타자기가 전시되어 있었다.

[해답편 p.294]

Lesson 19 관계사의 중요 포인트(2)
한정적 용법과 계속적 용법 구분하기

문제	▶ 해고당한 아버지는 지금 다른 일을 찾고 계신다.
오답의 예	▶ My father who was fired is looking for a new job now.

자, 여기서 관계대명사를 쓸 때 주의해야 할 점을 하나만 더 배워봅시다. 그 전에 먼저 위의 오답의 예에서 관계사 말고 고쳤으면 하는 점은 없나요?

 글쎄요.....

 「시제」에 관한 것입니다. "fire"는 「해고하다」라는 뜻의 동사지만 위의 시제가 맞나요? 「해고되어서 말이야…」이므로,

 아, 현재완료형을 써야 하는군요!

그래요. 수동태 배울 때 이야기한 것처럼 이 시제는 현재완료 수동태를 사용해야 합니다.

- My father who has been fired is looking for a new job now.

관계사의 한정적 용법

시제는 고쳤지만 아직 큰 실수가 남아 있습니다. 관계사와 관련된 부분이지요. 이것이 지금부터 배우게 될 내용입니다. 조금 어려우니까 잘 보도록 하세요. 관계사에는 「한정적 용법」과 「계속적 용법」이 있다라고 들은 적이 있습니까?

다음 문장을 한 번 봐주세요.

- The man who is standing over there is Mike.
  저기에 서있는 사람이 마이크다.

이 문장은 "who"라는 관계대명사가 「한정적 용법」으로 사용되고 있습니다. 무슨 말이냐 하면, 가령 100명의 남자가 여기에 모였다고 합시다. 그중 99명은 흰 셔츠를 입고 있는데, 한 사람만 파란 셔츠를 입고 있단 말이에요. 그리고 누군가에게 그 파란 셔츠를 입은 남자가 마이크라고 말해주고 싶은 거예요. 어떻게 말하겠습니까? 「저 파란 셔츠를 입은 남자가 마이크야.」이렇게 말하겠지요?

즉, 「저 남자가 마이크다.」라고 말해도 그 자리에는 「남자」가 100명이나 모여 있어서 구분이 쉽지 않겠지요. 그래서 다른 사람들과 다른 특징, 즉 「저 파란 셔츠를 입은…」이라고 한정하고 있는 것입니다.

조금 전에 제시한 문장도 마찬가지입니다. 만약 여기에 한 사람 밖에 없다면 He is Mike.라고 하면 그만입니다. 하지만 많은 사람들 중에서 「저 사람」이라고 하면 분명하지 않아 오해를 불러일으킬 소지가 있지요. 그래서 "who is standing over there"「저기에 서 있는」이라는 설명을 덧붙이고 있는 것입니다.

따라서, 관계사의 「한정적 용법」이란 선행사(이 경우에는 「남자」)를, 유사한

다른 것(이 경우에는 「다른 남자들」)과 구별하여 오해를 막는 것이라고 할 수 있습니다.

관계사의 계속적 용법

이번에는 다음 문장을 한 번 봐주세요.

- Korea, which has developed too rapidly, has many social problems.
  한국은 너무나 빠르게 발전했기 때문에 많은 사회적인 문제를 안고 있다.

윗 문장에서는 관계대명사 「"which"가 「계속적 용법」으로 사용된 것」이라고 문법적으로 말합니다. 형태로 보면 관계사절의 앞뒤에 콤마(,)를 붙여 삽입구처럼 만든 것을 알 수 있습니다.

하지만 의미로 볼 때는 어떨까요? 앞에서 살펴본 문장에서는 「그 남자는…」이라고는 해도 다른 「남자」들이 있었기 때문에 오해의 여지가 있었습니다. 그래서 「저기에 서 있는」이라는 수식어를 붙였던 건데요, 이번에는 어떨까요?

「한국은…」이라고만 하면 다른 「한국」이 있어서 오해의 소지가 있을까요? 그래서 「너무나 빠르게 발전한」이라는 수식어를 붙여서 「다른 한국」과 구별하고자 하는 걸까요? 물론 아니지요. 「한국」은 하나 밖에 없습니다.

그래서 「한국은…」이라고 하면 혼란스럽거나 오해의 소지가 없이 상대방에게 전달됩니다. 따라서 「너무나 빠르게 발전한」이라는 설명이 사족으로 붙어있는 셈입니다. 이러한 사족의 관계사절은 콤마를 붙여서 삽입구처럼 만들어줘야 하는 겁니다.

우리말에서는 「한정적 용법 · 계속적 용법」의 구분은 하지 않지요. 「너무나 빠르게 발전한 한국이…」라고 말했다고 해서 「그렇군. 굳이 그런 식으로 말한 걸 보니 「너무나 빠르게 발전한 한국」 이외에도 「천천히 발전한 한국」도 있군!」이라고 생각하는 사람은 없을 테니까요.

주의! 그런데 영어의 경우는 콤마를 붙이지 않으면 한국이 마치 여러 군데 있는 것과 같은 뜻의 문장이 되어버리는 것입니다. 이 점을 주의해야 합니다.

그럼 앞의 문제를 봐주세요. 「해고당한 아버지」에서 해고당한 아버지와 회사 잘 다니는 아버지라고 할 만큼 아버지가 여러 명 있는 건가요? 그래서 지금 직장을 찾는 사람이 해고당한 아버지라는 말을 하고 싶은 걸까요? 설마, 아니겠지요.

그렇다면 이 관계사절은 「계속적 용법」으로서 앞뒤로 콤마를 찍어줘야 하는 겁니다.

| Answer | ① My father, who has been fired, is looking for a new job now.

그런데 이와 같은 「사족」의 관계사는 무엇 때문에 있는 것일까요? 「언어의 경제학」이라는 것이 있어서 굳이 필요하지 않는 말은 하지 않습니다. 여기에 한 사람 밖에 없다면 굳이 「저 머리가 긴, 안경을 쓴, 피부가 흰...」과 같은 형용사를 붙이지 않아도 「저 애가 마이크야.」하면 그걸로 끝이지요? 예를 들어 앞에서 나온 문장에서,

- Korea, which has developed too rapidly, has many social problems.
  한국은 너무나 빠르게 발전했기 때문에 많은 사회적인 문제를 안고 있다.

이 문장에서 관계사절은 무엇 때문에 있는 걸까요? 「한국」은 설명을 붙이지 않아도 원래 하나 밖에 없으니깐 설명이 필요 없는 것 아닌가요? 필요 없는 구절이 왜 붙어있는 걸까요?

이것은 이유를 나타내고 있습니다. 「너무 빠른 속도로 발전했기 때문에 한국은 많은 사회적인 문제를 안고 있다.」는 뜻이라는 것 알 수 있겠습니까? 그렇다면 이 문장은 다음과 같은 문장으로도 나타낼 수가 있을 거예요.

- Korea has many social problems because it has developed too rapidly.

「계속적 용법」의 관계사는 「사족」, 즉 원래는 필요 없는 것이지만 무슨 뜻이 분명 있기 때문에 쓰였을 것입니다. 그 의미는 because나 and, but으로 나타낼 수 있다고 봐도 무방할 것입니다.

그래서 앞의 문제에서도 「해고당했기 때문에 새 일을 찾고 있다.」가 되는 것이지요. 따라서 다음과 같이 나타낼 수 있습니다.

| Answer | ② My father is looking for a new job because he has been fired.

다른 것과 구분하기 위해 절대적으로 필요한 관계사 → **한정적 용법**
사족의 관계사 → **계속적 용법** (콤마를 앞뒤로 붙인다.)
  혹은 because, and, but을 쓴다. ← 적극 추천!!

백문이 불여일견입니다. 관계사를 되도록 쓰지 않고 다음 연습문제를 접속사를 사용해서 표현해 보세요.

 다음 우리말을 영작하시오.

(1) 우리는 아침식사에 대해서는 보수적인 경향이 있으며 매일 아침 크로와상 (croissant)을 먹는 프랑스인들은 결코 그것에 질리는 일이 없다.
(2) 먹이를 받아먹는 동물원의 원숭이는 야생 원숭이보다 훨씬 자유시간이 많다.

[해답편 p.294]

Lesson 20 관계사의 중요 포인트(3)
관계대명사 what

문제	▶ 자기가 관심을 가지고 있는 일이 다른 사람들에게도 늘 재미 있는 것은 아니다.
오답의 예	▶ What you are interested is not always interesting to others.

이번 문제는 상당히 어렵군요. 위의 오답의 예를 쓴 것도 잘 한 겁니다. 하지만 이왕이면 완벽을 기하는 게 좋겠지요.

불가사의한 관계대명사 what

문제는 관계대명사 what의 용법입니다.

- **What** she said was true.
  그녀가 말한 것은 사실이었다.

「~의 것」, 「~의 일」과 같이 해석되는 what은 독해문제에도 자주 등장합니다. 여기서 잠깐 생각해봐야 하는 것이, what이 문법상 관계대명사라고 부르는 이유에 대해서입니다. 그 이유가 뭐라고 생각하세요?

관계대명사라면 보통 떠오르는 것이 앞에서 다뤘던 who나 which입니다. 이런 관계대명사는 그 바로 앞에 선행사가 있어서 그 선행사를 수식하는 것이지요? 예를 들어 "the book which he has in his hand"「그가 손에 들고 있는 책」이라는 구를 보면, "which"이하가 선행사인 "the book"을 수식하고 있습니다.

그에 비해 "what"의 경우는 "what he has in his hand"「그가 손에 들고 있는 것」처럼 what절 자체가 명사절이 되어 아무 것도 수식하지 않습니다. 무슨 말인지 알겠어요? 좀 어려운가요? 그림으로 생각을 해봅시다.

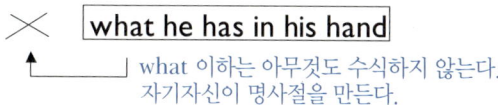

the book [which he has in his hand]
↑_____| which 이하가 형용사의 기능을 가지고 the book을 수식

× what he has in his hand
↑_____| what 이하는 아무것도 수식하지 않는다.
자기자신이 명사절을 만든다.

what과 who, which의 공통점

이처럼 선행사, 즉 수식하는 단어의 유무로 봐서는 who나 which, what은 전혀 다릅니다. 하지만 이 모두가 관계대명사라 불리는 것은 공통점이 있기 때문입니다. 앞에서 배웠던 것을 기억해 보세요. 관계대명사 who나 which는 명사의 치환이라고 배웠을 겁니다. 위의 예를 보면, "he has…"의 뒤에 있어야 할 "the book"이 "which"로 바뀐 걸 알 수 있지요?

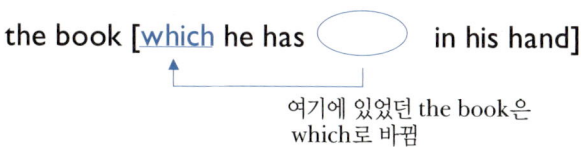

the book [which he has ◯ in his hand]
↑_____|
여기에 있었던 the book은 which로 바뀜

"what"을 봐주세요. 이와 똑같이 되어있는 것을 알 수 있지요?

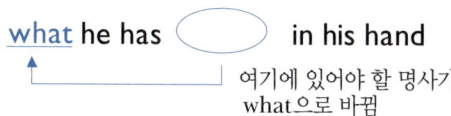

what he has ◯ in his hand
↑_____|
여기에 있어야 할 명사가 what으로 바뀜

아시겠어요? 우리말로 「그가 손에 가지고 있던 것」은 「그가 손에 ××을 가지고 있었다」의 「××」의 부분이 what으로 바뀌어 표현되는 것입니다.

즉, which나 who의 관계사절과 마찬가지로 what 절에도 명사가 하나 모자라는데 그 명사가 what을 대신하고 있다고 생각할 수 있습니다. 그래서 what도 「명사를 대신하는 것」, 즉 「관계대명사」라 불리는 것입니다.

What he has in his hand

하나 더 예를 들어볼까요?

- **What** he talked **about** was interesting.
  그가 한 이야기는 재미있었다.

어때요? 먼저 what ... about까지가 명사절로, 「그가 한 이야기」라는 뜻이 되어 이 문장의 주어인 것을 알 수 있습니다. which와 달리 선행사는 어디에도 없습니다. 이 점에서는 which와 많이 다르지요?

여기서 what절 내부의 구조를 살펴봅시다.

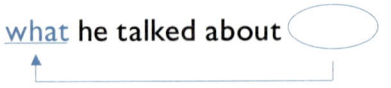

「그는 ××에 대해 이야기했다」의 「××」의 부분이 "what"으로 표현되었다는 것, 다시 말하면, what이 명사를 대신해 주고 있다는 것을 알 수 있지요?

역으로 말하면 who나 which와 마찬가지로 what도 명사 대용 밖에 되지 않으니까 영작할 때 이 "about"을 빼면 안 되는 것입니다.

 관계대명사 what은 명사 대용 밖에 될 수 없다!
→ 전치사를 빼지 않도록!

그렇다면 오답의 예가 어떻게 틀렸는지 아시겠지요?

| Answer |　　What you are interested in is not always interesting to others.

바로 in을 절대로 빼면 안 되겠습니다.

 다음 우리말을 영작하시오.

(1) 잘 하지 못하는 일을 하는 것을 피하지 마라.
(2) 외국인들이 한국에 와서 놀라는 것은 아직 쓸만한 물건들이 많이 버려져 있다는 것이다.

[해답편 p.295]

제6회 부사의 올바른 용법

Lesson 21 부사의 올바른 용법(1)
동사의 성격을 알자

문제 ▶ 최근에는 바깥에서 노는 것보다 비디오 게임을 하는 것을 좋아하는 아이들이 많다.

오답의 예 ▶ These days many children prefer playing video games to playing in the outdoor.

관계사와 같은 복잡한 주제는 일단 마무리하고 지금부터는 부사로 들어갑니다. 부사라고 하면 문장에서 별로 중요하지 않은 「덤」같이 느껴질지도 모르겠습니다. 하지만 영작할 때 의외로 중요합니다.

주의해야 할 부사

우선 이번 주제는 「약간 의외인 부사를 익히자!」입니다.

예를 들어, there라는 단어는 「저기」라는 명사가 아니라 「저기에(서)」라는 뜻의 부사라는 것은 중학교 때 배웠을 겁니다.

즉, 「학교에 가다」는 "go to school"이 되지만 「저기에 간다」는 "go there"입니다. "to"를 붙여서는 안 되는 것이지요.

문법적으로 말하면 "there"는 부사이므로 「전치사+명사」의 역할을 하게 됩니다. 또한 「학교에 가다」라고 할 때는 「~에 가다」의 「~에」에 해당되는 "to"라는 전치사가 필요한 데 비해, 「저기에」의 "there"는 이미 「~에」를 포함하고 있어서 "to"가 필요없다고 이해해도 좋을 것입니다.

이렇게 약간의 주의가 필요한 부사는 지금까지 꽤 배웠을 텐데요, "there" 외에도 아는 부사가 있나요?

 "here"!

 음..그것도 부사 맞지만 there과 별 다를 게 없는 것 같습니다. 다른 것은 없어요?

 "home"과 "abroad"...

그렇지요. 중학생이면 그 정도는 배웠을 거예요. 하지만 사실은 그보다 훨씬 많이 있어요. 정리해 둡시다.

기억!

주의해야 할 부사	비교해보자!
home	get to the station ⇔ get home
here	come to the station ⇔ come here
there	go to school ⇔ go there
abroad	study in the U.S. ⇔ study abroad
east/west 등의 방향	fly to the moon ⇔ fly east
up/down	go to the top ⇔ go up
right/left	look at the star ⇔ look right and left
upstairs/downstairs	live on the second floor ⇔ live upstairs
outdoors/indoors	play in the garden ⇔ play outdoors

제6회 부사의 올바른 용법 **89**

표 오른쪽에 있는 "↔"의 왼편과 오른편을 각각 비교해 보세요. 왼편에서 명사를 사용할 때 필요하던 전치사가 오른편에서는 부사를 사용함으로써 없어졌음을 알 수 있습니다. 그렇다면 오답의 예도 어디가 틀렸는지 알겠지요?

| Answer | These days many children prefer playing video games to playing outdoors.

 다음 우리말을 영작하시오.

(1) 아파트에 산다면 아래층에 사는 사람들에게 폐가 되지 않도록 조심해야 한다.
(2) 집으로 돌아가는 길에 나는 소나기를 만났다.

[해답편 p.295]

Lesson 22 부사의 올바른 용법(2)
동사를 수식할 때의 부사

문제	▶ 너는 가끔 부모님께 편지를 써야 해.
오답의 예	▶ You sometimes must write to your parents.

빈도와 부정을 나타내는 부사의 위치

부사의 첫 번째 역할은 동사를 수식하는 것입니다. 다음 문장을 봅시다.

- He walks slowly.
  그는 천천히 걷는다.

"slowly"는 부사입니다. 그리고 "walk"라는 동사를 수식합니다. 이렇게 동사를 수식하는 부사는 원칙적으로 문장의 마지막에 두면 됩니다. 그런데 예외도 있습니다. 다음 문장을 봐주세요.

- She sometimes reads.
  그녀는 가끔 독서를 한다.

「가끔」이라는 뜻의 부사 "sometimes"는 「독서를 한다」라는 동사를 수식하고 있기 때문에 부사입니다. 그런데 문장의 마지막에 두지는 않습니다.
"sometimes"만이 아닙니다. "always"등 이와 유사한 부사는 여러 가지가 있습니다. 평소에는 이와 같은 부사를 적당한 곳에 둔다고 해도 복잡한 문장인 경우는 부사의 위치를 틀리기 쉬우므로 부사가 들어가야 할 위치에 대해 이제부터 이론적으로 정리해 둡시다.

아래의 두 문장을 먼저 확인해 두세요.

① He always goes to school by bus.
　　　부사　동사

② He is always kind to others.
　　동사　부사

①에서는 부사 "always"가 동사보다 앞에 있지만 ②에서는 그 순서가 바뀐 것을 알 수 있지요?

문법책에는 「always같은 부사는 일반동사의 앞, be동사의 뒤에 둔다.」와 같이 씌어져 있는데 좀 어렵게 느껴지지요? 더 쉽게 익힐 수 있는 방법이 있습니다. 「"not"의 위치에 둔다.」라고 생각하는 방법입니다.

예를 들어, "He goes to school by bus."라는 문장을 부정문으로 고치면 어떻게 됩니까? 동사 "goes" 앞에 "doesn't"를 넣으면 되지요. "doesn't"를 넣는 자리에 "always"를 넣으면 되는 것입니다. 반면에 "He is kind."라는 문장을 부정문으로 고치려면 어디에 "not"을 넣어야 할지 알겠지요? 바로 not의 그 위치에 "always"를 집어넣으면 되는 것입니다. 이렇게 생각한다면 아무리 복잡한 문장이 되어도 부사의 위치를 정확히 알 수 있겠지요.

> **Point**
> **빈도**를 나타내는 부사　　always/usually/often/sometimes
> **부정**을 나타내는 부사　　never/hardly/scarcely/seldom/rarely는
> 　　　　　　　　　　　　　not을 넣어야 하는 위치에 둔다.

연습해 볼까요?

- She will be praised by her teachers.
  그녀는 선생님들께 칭찬받을 것이다.

이 문장에 "always"를 넣어보세요. "not"의 위치니까 "will"의 다음이겠지요? 그리고 "always"등을 넣은 다음에 3인칭단수 현재형의 −s를 잊어버리기 쉬우므로 실수하지 않도록 조심하세요.

- Tom sometimes come to see us. (실수!)
  (×)

|Answer| You must sometimes write to your parents.

예제 다음 우리말을 영작하시오.

(1) 그는 내가 하는 말을 거의 이해하고 있지 않았다.

(2) 너는 언제나 나이 드신 분들에게 친절해야 한다.

[해답편 p.295]

Lesson 23 부사의 올바른 용법(3)
어구를 수식하는 부사

문제	▶ 그는 놀랄만큼 똑똑한 사람이다.
오답의 예	▶ He is a wise person surprisingly.

어구를 수식하는 부사의 위치

앞에서 동사를 수식하는 부사의 위치에 대해 공부했습니다. 하지만 부사는 동사를 수식하는 역할만 하는 것은 아닙니다. 명사 아닌 것이라면 무엇이든 수식합니다.

예를 들면,

- She is a very pretty girl.

윗 문장에서 "girl"를 "pretty"라는 형용사가 수식하고 있지만, 형용사 "pretty"를 강조하고 있는 "very"는 부사입니다. 이와 같이, 동사 이외의 것을 강조하는 부사를 「어구 수식의 부사」라고 하는데, 이런 것은 당연히 수식하고자 하는 말(구)의 바로 앞에 둡니다. 부사라고 해서 문장의 마지막에 두어

- She is a pretty girl very. (×)

라고 하면 정말 이상하지요?

그런데 이런 어구 수식의 부사는, 중학교나 고등학교 초급수준에서 배우는 very를 비롯해서 극소수입니다. 따라서, very같은 용법은 대충 알아도 그 이외

의 응용이 잘 안된다는 학생들이 적지 않습니다.

> **Point**
>
> 동사 수식의 부사　　She gets up <u>early</u>.
> 　　　　　　　　　동사를 수식하는 부사는 **문장의 맨 뒤**
> 어구 수식의 부사　　She is a <u>very</u> pretty girl.
> 　　　　　　　　　동사 이외의 것을 수식하는 부사는 **바로 앞**

　very 이외에 "surprisingly"「놀랄만큼」이나 "considerably"「상당히」 등 여러 가지가 있습니다.
　이런 단어를 독해문제의 지문에서 본 적이 있어서 그 단어들을 사용하려고 애쓰지요. 하지만 막상 바르게 사용하기가 어려운 거예요. 즉, "-ly"라는 어미로 끝나는 단어는 부사이며 "slowly" "early" 처럼 문장의 맨 뒤에 두면 되겠지와 같이 생각하기 때문에 오답의 예처럼 실수를 하게 되는 것이지요.
　「놀랄만큼 똑똑하다」라는 말은 「대단히 똑똑하다」와 비슷한 것이니까 "surprisingly"도 "very"와 같은 위치에 써야합니다.

| **A**nswer |　He is a surprisingly wise person.

so형 부사의 위치

　여기서 또 한 가지 틀리기 쉬운 포인트에 대해 이야기하겠습니다.
　어구 수식의 부사의 위치를 다시 살펴보겠는데요, "very"나 "surprisingly"는 "a wise person"에서 "wise"의 바로 앞에 둬야 하기 때문에 "a very person"이라든지 "a surprisingly wise person"과 같은 어순이 됩니다. 이 순서를 잘 기억해 두세요.
　왜냐하면 같은 어구 수식의 부사라 하더라도 그 중에는 괴짜도 있거든요. 「so형 부사」가 바로 그에 해당됩니다. "so"라는 부사는 알지요?「그렇게」라는 뜻입

니다. 예를 들면,

- He is so young. 그는 무척 젊다.

"very"와 마찬가지로 어구 수식의 부사로, 이런 경우 형용사 "young"을 강조하기 위해 명사를 동반하지 않는 형용사를 강조할 때는 문제가 되지 않지만,

- He is a young man.

이 문장에 "so"를 붙여 봅시다. "very"와 같다고 생각하면,

- He is a so young man. (×)

이 되겠지요. 하지만 틀렸어요. 정답은,

- He is so young a man. (○)

입니다. 순서가 이상하지요? "so"와 "young"이 관사보다 앞에 나와있습니다. 극히 소수이지만 "so"와 같은 어순이 되는 괴짜 부사가 있습니다. 정리해둡시다.

Point	so형의 부사	so/too/as
▶▶▶	부사+형용사+관사+명사의 순서가 된다.	

"as"에 대해서는 다음 Lesson에서 다루게 되니까 여기서는 "too"로 연습해 볼까요? 「이 집은 살기에 너무 작다.」를 뭐라고 할까요?

 This house is too small to live in.

음...물론 그것도 옳지만 "This is..."로 시작하면?

 This is a...가 아니라 This is too small a house to live in.

맞아요, 이렇게 됩니다.

such형의 부사

괴짜 부사가 하나 더 있습니다. 「such형」이라는 것입니다. 예를 들어, such는 "such a man"「그런 사람」과 같이 뒤에 명사가 오거나 혹은 "such a nice man"「그토록 멋진 사람」과 같이 둘 중 하나로 사용합니다. 눈에 익지요?

하지만 후자는 조금 이상하지 않나요? 「그토록 멋진...」이라는 말과 「굉장히 멋진...」은 뜻이 비슷하잖아요.

그렇다면 "such"도 "very"와 같은 곳에 두면 될 텐데 "such"는 관사 앞에 있지요? 그래서 "such"도 괴짜 부사라는 것입니다.

> **Point** such형의 부사   such/ quite/ both/ all
> 부사+관사+(형용사)+명사의 순서가 된다.

"all the boys"라고 하잖아요? 왜 "all"은 "the"보다 앞에 나와 있냐면 「such형」이기 때문입니다.

그리고 "both"도 문법문제로 자주 나오는데 「그의 양친」이라면 "both his parents"입니다.

또 "quite"는 「제법」이라는 뜻의 부사인데 「제법 예쁜 여자아이」를 영작하면,

 "quite a pretty girl"인가요?

그렇습니다. 귀찮게 생각될지 모르지만 문법문제에서 자주 나오는 유형이니까 잘 기억해뒀다가 영작할 때 바르게 쓸 수 있도록 합시다.

quite a pretty girl

 다음 우리말을 영작하시오.
(1) 올 여름은 유례없이 더워서 중부지방에 사는 사람들은 가뭄으로 고통받았다.
(2) 그가 너무 재미있는 농담을 했기 때문에 모두 크게 웃었다.

[해답편 p.296]

제7회 비교의 구조

Lesson 24 비교의 구조(1)
「as ... as 구문」에서 앞의 as

문제	▶ 그녀는 언니만큼 테니스를 잘 친다.
오답의 예	▶ She is good at tennis as much as her sister.

이번부터는 비교에 관한 공부를 하겠습니다. 먼저 「as ... as의 구문」 등으로 부르는 동등비교입니다. 중학교 때 동등비교를 배우면서 이런 문장을 다루었으리라 생각됩니다.

- She is as pretty as her sister.

"She is pretty." 「그녀는 예쁘다.」에서, 안에 있는 형용사를 "as ... as"로 둘러주면 「~만큼」이라는 뜻이 된다고 배우지 않았나요?

하지만 이런 방식은 백해무익하니 지금부터 모두 잊어주세요!

as =「so형 부사」

그럼 어떻게 생각하면 될까요? "as ... as"에서 앞의 "as"는 「so형 부사」로 「~만큼」이라는 뜻을 나타낸다고 생각하면 되는 거예요. 즉,

- She is so young.

이라고 하면 「그녀는 매우 젊다.」가 되지요. 이 "so"의 위치에 "as"를 사용해서,

- She is as young.

이라고 하면 「그녀는 그 만큼 젊다.」라는 말이 됩니다. 물론 이것 가지고는 누구 만큼 젊은 건지는 알 수 없지만, 예를 들어,

- He is ten years old and she is as young.

이라 되어있으면, 「그는 열 살이며 그녀도 그만큼 어리다.」 즉 그와 비교해서 그 만큼 어리다는 의미라는 것을 알 수 있겠지요?

다시말해 「as ... as의 구문」이라고 하지만 "as"만으로 「그 만큼」이라는 뜻을 이미 가지고 있기 때문에 뒤의 "as"는 없어도 동등비교는 성립되는 것입니다. 이 점이 중요합니다.

좀 더 연습해 봅시다. 「그녀는 그 만큼 똑똑한 소녀다.」를 영작하면 어떻게 될까요?

😺 She is a wise girl.에 as를 붙이면 되는 것이지요?

😺 그렇지.

😺 as는 「so형」이니까 순서가 약간 바뀌는 것이지요?

😺 그렇지. 어떤 순서였는지 기억나요?

😺 음... She is as wise a girl.

아주 잘 했어요! "as"가 수식하는 형용사에 명사가 붙어있을 때는 순서를 주

의해야 합니다. 잊어버린 학생들은 앞의 내용을 복습해 두세요.

그럼 문제를 하나 더 낼 게요. 「그녀는 그 만큼 개를 무서워한다.」를 영작하면?

 She is afraid of dogs.에 as가 붙으니까… She is as afraid of dogs.

그렇습니다. "be afraid of~"는 숙어이며 "afraid"「두려워하는」는 형용사이니까 그 앞에 "as"를 붙이면 되는 것이지요.

자, 언급한 세 문장을 다시 써봅시다.

- She is as young.
  그녀는 그 만큼 젊다.

- She is as wise a girl.
  그녀는 그 만큼 똑똑한 소녀다.

- She is as afraid of dogs.
  그녀는 그 만큼 개를 무서워한다.

앞서 이야기했듯이 이것만으로도 일단은 문법적으로 옳은 문장이 됩니다. 예를 들어, 「그는 아직 열 살이지만…」 뒤에 「그녀만큼 어려」라고 말한다면 그녀와 누구를 비교하는지, 듣는 사람은 알 수 있을 테니까요.

하지만, 「누구와 비교하는지」를 확실히 하고자 할 때는 「뒤의 as」가 등장하게 되는 것이지요. 뒤의 "as"에 대해서는 다음 Lesson에서 자세히 설명하겠지만 우선은 「~처럼」「~같이」라는 의미라고 알고 있으면 돼요.

그럼 위의 세 문장에 「그녀의 친구와 마찬가지로」라는 말을 붙여 볼게요.

- She is as young as her friend.

- She is as wise a girl as her friend.
- She is as afraid of dogs as her friend.

어떻습니까? 소위 「as ... as의 구문」이 완성되었는데 이 중에서 여러분이 확실히 영작할 수 있다고 생각되는 것은 맨 위의 문장 밖에 없을 걸요. 아래 두 문장은 잘 못 쓰는 사람이 아주 많아요. 그것은 처음에 이야기했지만 「~만큼」이라는 것은 「"as ... as" 사이에 형용사 등을 집어넣으면 된다」라는 식의 잘못된 이해를 하고 있기 때문입니다.

> **Point** 동등비교의 앞의 as는 「so형」의 부사이다.

이제 앞의 문제도 바로 영작할 수 있겠지요?

| Answer | She is as good at tennis as her sister (is).

 다음 우리말을 영작하시오.
(1) 이탈리아는 한국만큼 천연자원이 부족하다.
(2) 나는 외국을 여행할 때 되도록 짐을 적게 들고 싶다.

[해답편 p.296]

Lesson 25 | 비교의 구조(2)
「as ... as 구문」에서 뒤의 as

| 문제 | ▶ | 이탈리아는 그 역사만큼 음식으로도 유명하다. |
| 오답의 예 | ▶ | Italy is as famous for its food as its history. |

앞의 Lesson에서는 「as ... as 구문」의 앞의 as에 대해 공부했습니다. 이번에는 이어서 뒤의 "as"의 용법을 익히도록 합시다.

양태접속사 as

「as ... as 구문」의 뒤의 "as"에 대해서는 방식이 몇 가지가 있기 때문에 조금 복잡할 수가 있는데요, 우선 접속사라고 생각하는 것이 제일 좋습니다. 「양태를 나타내는 접속사의 as」입니다.

- You must do as you are told.
  당신은 들은 대로 해야 한다.

이런 문장 본 적 있습니까? 「~하는 대로」, 「~과 같이」라고 번역되는 "as"가 나옵니다.
예를 들면,

- Fred is as wise as Nick is.

라는 문장은 뒤의 "as"가 접속사이므로 사실은 그 뒤에 "as Nick is wise"라는 문장이 이어지면서 「닉이 똑똑한 것만큼」이라는 내용을 나타내고 있다고 볼 수 있습니다. 이것이 주문장인 "Fred is as wise ..."「프레드는 ~ 만큼 똑똑하다」와 합쳐져서 「프레드는 닉이 똑똑한 것만큼 똑똑하다」라는 동등비교의 문장이 되고 있습니다.

뒤의 "as"는 접속사로 사실은 그 뒤에 문장이 더 이어진다는 점이 중요합니다. 그런데 이 문장은 여러 가지 형태로 생략됩니다. 여기서 살펴볼 것은 「대동사」입니다.

여러분에게 누가 "Are you a student?"라고 물어보면 여러분은 뭐라고 대답할까요? "Yes, I am."이라 대답하겠지요. "am"은 "am a student"를 줄인 것입니다. "Do you study English?"는 어때요? "Yes, I do."겠지요? "do"는 "study English"를 줄인 말입니다. 중학교 때 배웠던, 동사구를 생략할 때 쓰는 이러한 동사를 「대동사」라고 합니다.

「대동사」를 이용해서 주문장과 같은 부분을 생략하는 것입니다.

예를 들면,

① She is as good at tennis as he is.
　　　　　　　　　　　(← as he is good at tennis가 생략)

② She is as good at tennis as she was.
　　　　　　　　　　　(← as she was good at tennis가 생략)

③ She is as good at tennis as she is at golf.
　　　　　　　　　　　(← as she is good at golf가 생략)

이렇게 되면, ①처럼 "그녀와 그"를 비교할 수도 있고, ②와 같이 "그녀의 지금 실력과 예전 실력"을 비교할 수도 있으며, ③처럼 "테니스 실력과 골프 실력"을 비교할 수도 있는 것입니다. 즉, 표현의 폭이 넓어지는 것이지요.

단, ③의 "as she is good at golf"에서는 생략이라기 보다 "is good"이 "is"로 대치되었을 뿐입니다. "at"은 남겨둬야 하지요. 전치사와 명사는 언제나 한 묶음이어야 하기 때문이에요.

그러면 앞의 문제를 다시 한 번 살펴봅시다.

Italy is as famous for its food.「이탈리아는 음식으로 그만큼 유명하다.」 여기까지는 맞습니다. 앞의 "as"의 위치도 제대로 잡혀있어요. 그런데 그 뒤, "as Italy is famous for its history"「이탈리아가 역사로 유명한 것만큼」을 염두에 두면서 생각해 봅시다. 어디를 생략할 수 있을까요?

- as <u>Italy</u> <u>is famous</u> for its history
  - 대명사 it으로 바꾼다.
  - 대동사 is로 바꾼다.

그렇다면 "as it is for its history"가 되겠지요?

| Answer | Italy is as famous for its food as it is for its history.

Point 동등비교의 뒤의 as
→ 어디까지나 **접속사**로 생각하고 완전한 문장을 생각해본다.
→ **대명사·대동사를 써서 생략**한다.

그럼 다음 예제에서 뒤의 as이하의 구조에 주의하면서 문장을 만들어 보세요.

다음 우리말을 영작하시오.

(1) 걷는 것은 조깅하는 것과 마찬가지로 에너지를 소비하므로 평소에 운동을 안 하는 사람에게 좋다.
(2) 오늘은 어제 막혔던 것 만큼 길이 막힌다.

[해답편 p.297]

Lesson 26 비교의 구조(3)
비교급과 동등비교의 구조

문제	▶ 그는 문학보다 과학에 더 흥미가 있다.
오답의 예	▶ He is interested in science more than literature.

자, 그럼 동등비교에 이어 이번에는 비교급입니다. 이번에는 많이 설명하지 않습니다! 여러분의 응용능력을 기대하겠습니다! 즉, 비교급도 「as ... as 구문」과 마찬가지로 생각하면 된다는 것입니다.

중학교 때 "He is older than I."나 "This book is more interesting than that."과 같은 문장을 배웠지요? 비교급은 "-er"이나 "more+원형"으로 만들 수 있고 거기에 "than"을 붙이면 비교급이 완성된다라고 배웠지요? 하지만 그런 방식은 그만 하자는 겁니다.

동등비교와 같은 식으로 생각한다

이번에는, 앞서 이야기했지만 여러분의 응용능력에 기대를 걸겠습니다. 그래서 힌트만 드리지요. 비교급은 「as ... as 구문」의 앞의 as에 해당됩니다. "than"은 「as ... as 구문」의 뒤의 as에 해당됩니다. 자, 힌트를 드렸으니 이제 영작해 보세요. 「이탈리아는 역사보다 음식으로 유명하다.」 어떻게 될까요?

 어머나! 어떻게!

 그럼 조금씩 생각해 볼까요? 먼저 「이탈리아는 음식으로 유명하다.」를 영작해 보세요.

Italy is famous for its food.

좋습니다. 그럼 방금 그 문장을 비교급으로, 「더 유명하다」로 만들어 보세요.

Italy is famous for its food more. 인가요?

아니죠! 「더 유명하다」이니깐 "famous"를 비교급으로 해야 되죠?

그래서 Italy is more famous for its food. 가 됩니다.

그렇습니다. 앞의 Lesson에서 「앞의 as」의 용법을 배운 것 기억하지요? 마찬가지로 "more"를 사용하면 되는 거예요.

자, 그럼 계속할게요. "than"은 접속사입니다. 앞에서 배웠던 접속사의 as와 똑같이 생각해서 than이하를 붙여 보세요.

Italy is more famous for its food than it is for its history.

맞습니다! 왜 "than"이하가 위와 같이 되는지 다른 학생들도 알겠어요?
자, 그럼 문제 하나 더 낼게요. 「그는 그녀보다 테니스를 더 잘 친다.」
영작했나요? 정답은 다음과 같이 됩니다.

- He is better at tennis than she is.

먼저 "He is good at tennis."라는 문장을 떠올리는 거예요. 그리고 나서 그 문장 속의 어떤 형용사를 비교급으로 만들지 생각합니다. 설마 "more good"라고는 하지 않겠지요? "He is better at tennis."라는 문장이 완성됩니다.
그리고 "than she is good at tennis"라는 문장을 생각하면서 「대동사」를 써서 생략하는 겁니다. "than she is"가 되지요. 그런 순서로 차근차근 생각해서 문장을 만들면 됩니다.

그럼 앞의 문제의 정답은 다음과 같이 되지요.

| Answer | He is more interested in science than he is in literature.

Point ▶▶▶   비교급의 구조는 동등비교와 똑같다!

scientist

예제 다음 우리말을 영작하시오.

(1) 거짓말은 진실을 들었을 때보다 사람들을 행복하게 한다.
(2) 나는 꿈을 실현하기 위해서는 다른 사람들보다 더 많은 노력을 해야 할 필요가 있다고 생각한다.

[해답편 p.297]

Lesson 27 비교의 구조(4)
more and more의 용법

문제	▶	시험날짜가 다가옴에 따라 그들은 점점 더 초조해졌다.
오답의 예	▶	As the day of the examination approached, they became nervous more and more.

비교급을 사용한 표현은 여러 가지가 있지만 그 중에서도 영작문제에서 자주 출제되는 것이 "more and more"입니다. 「점점 더」「더욱 더」라는 뜻이지요. 여러분도 이 표현을 알고는 있겠지만 문법적으로 제대로 이해하지 못하고 있기 때문에 잘못된 용법으로 사용하는 경우가 많습니다.

비교급의 응용으로 대처하자

이 형태는 비교급에 and를 삽입하여 더 강조하는 역할에 지나지 않습니다. 다음 문장을 봐주세요.

- He is good at chess. 그는 체스를 잘 한다.

이 문장을 비교급으로 해서 「그는 체스를 더욱 잘 하게 되었다.」라는 문장을 만들어 보세요. 앞의 Lesson의 복습이니까 할 수 있겠지요?

 He became better at chess.

그래요. "good"을 비교급으로 만들어준 데다 be동사를 become으로 바꿔 줬군요. 시제는 현재완료도 괜찮은데 그냥 과거로 두지요.

그럼 "better"를 "and"로 이어서 두 번 반복하면,

- He became better and better at chess.
  그는 체스를 점점 더 잘 하게 되었다.

이렇게 됩니다. 쉽지요? 하지만 윗 문장을 다음과 같이 하면 어떨까요?

- He became good at chess more and more. (×)

위와 같이 그저 문장의 맨 뒤에 "more and more"를 붙여서 잘못된 문장을 쓰는 사람이 많습니다.
그럼 문제를 하나 더 낼 게요. 「그의 이야기는 점점 더 재미있어졌다.」

His history became more interesting ...어?

허허, 헷갈렸지요? 앞의 문장에서는 "be good at"의 "good"을 비교급으로 바꿔줬지요. "good"의 비교급은 "better"이므로 두 번 반복해서 "better and better"라고 하면 되었지요.
그런데 이번엔 "interesting"을 비교급으로 만들어줘야 하는 건데요, "interesting"의 비교급은 "more interesting"입니다. 이것을 두 번 반복하면 "more interesting and more interesting"이 되지요? 하지만 이렇게 되면 아무리 그래도 너무 길어서 앞의 "interesting"을 생략하는 것입니다. 그렇게 하면 여러분 잘 아시는 "more and more interesting"의 형태가 만들어지는 것이지요.

주의!

- His story became more and more interesting.

이것이 바로 정답입니다. 그럼 정리해 둡시다.

> 「점점 더」「더욱 더」
> easier/ better등 한 단어의 비교급 → **비교급 and 비교급**
> more를 붙여서 만드는 비교급 → **more and more 원급(원형)**

| Answer | As the day of the examination approached, they became more and more nervous.

 다음 우리말을 영작하시오.

(1) 점점 더 높은 빌딩이 세워져 거리의 모습은 많이 바뀌었다.
(2) 그의 어머니는 해가 갈수록 더욱 더 가난해져서 가구를 점점 더 많이 팔지 않으면 안 되었다.

[해답편 p.298]

Lesson 28 | 비교의 구조(5)
비교급의 응용

문제 ▶ 최근 담배를 피우는 여성이 늘고 있다.
오답의 예 ▶ These days women who smoke are increasing.

앞에서 「~인 사람은 많다」「~인 사람은 적다」라는 표현을 배운 기억이 나는지 모르겠습니다(▶p.67). 이번에는 그 표현에 이어서 「~인 사람이 늘고 있다」 혹은 「~인 사람이 줄고 있다」라는 표현을 배워봅시다.

"more and more"의 응용

결론부터 이야기하겠습니다. 「~인 사람이 늘고 있다」라고 할 때 가장 쉽고 틀림없는 표현방법은, 앞에서 배웠던 「점점 더·더욱 더」와 같은 비교급 형태를 쓰는 것입니다.

먼저 「담배를 피우는 여성은 많다.」 이렇게 써봅시다. 전에 배운 내용을 기억하고 있습니까?

 Many women smoke.

맞아요. 그럼 앞에서 배운 지식을 응용해서 그 문장을 「담배를 피우는 여성은 더욱 더 늘고 있다.」로 해봅시다.

 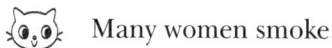More and more women smoke.

그렇습니다. "many"의 비교급인 "more"를 and

를 삽입하여 반복합니다.

| Answer | ① These days more and more women smoke.

「~는 줄고 있다」로 고치는 것도 마찬가지입니다.

- Fewer and fewer women smoke.
  담배를 피우는 여성은 줄고 있다.

그런데 여러분은 이 간단한 방식을 놔두고 더 어렵게 쓰려고 하는 경향이 있어요. 마치 오답의 예처럼 말이에요. 이 문장 어디가 틀렸어요?

문법적으로 틀린 데는 없는데 이런 답안을 본 원어민들은 모두 「애매하다」고 말할 것입니다. "increase"에는 여러 가지 의미가 있어서 「살찌다」도 increase이고, 「암세포가 비대해지다」도 increase이며, 「수가 늘어나다」도 increase입니다.

그러니 increase는 「커지다」라는 뜻이라고 보면 됩니다. 우리말로 「담배를 피우는 여성은 커지다」라고 하면 무슨 뜻인지 모르겠지요? 그러니까 의미를 확실히 해 두어야 할 필요가 있다는 것이지요.

| Answer | ② These days women who smoke are increasing in number.

"increase in number"「수적으로 커지다」라는 문구를 붙여놓지 않으면 「담배를 피우는 여성은 살찐다?」라고 해석될 수도 있습니다.

또한 다음과 같이 고쳐도 됩니다.

| Answer | ③ These days the number of women who smoke is increasing.

처음부터 "the number"「수」를 주어로 해 놓으면 increase를 동사로 사용

하더라도 뒤에 「수적으로」라는 말을 붙일 필요가 없게 됩니다. 단, 앞에서도 나왔지만 "is increasing", 즉 단수가 되는데 이 점은 틀리기 쉬우므로 주의하세요.

「~하는 사람은 늘고 있다」
More and more people + V ← 적극 추천!!
People who ... are increasing in number.
The number of people who ... is increasing.

 다음 우리말을 영작하시오.

(1) 도시에 사는 사람들 사이에서 정원 가꾸기가 취미라는 사람들의 수가 늘고 있다.
(2) 최근 부모는 자식들과 지내는 시간이 더욱 더 줄어들고 있다.

[해답편 p.298]

제8회 to부정사냐 that절이냐

Lesson 29 to부정사냐 that절이냐(1)
to부정사와 that절을 구분해서 사용하기

| 문제 | ▶ 그가 그 문제를 푸는 것은 쉽다. |
| 오답의 예 | ▶ It is easy that he solves the problem. |

주어의 유무로 판단해서는 안 된다

이것은 상당히 많이 틀리는 부분입니다. 조금 이해하기 어려울지 모르니까 잘 들어주세요.

여러분은 "that절"에 대해 많이 배웠지요? that절은 명사절을 만드는 것, 예를 들어, "that he solves the problem"이라는 문장이라면 「그가 그 문제를 푸는 것」이라고 해석되는 것처럼, 「~하는 것」이라고 해석되는 것이 that절이라고 배웠을 겁니다.

그리고 한편으로 "to부정사"에 대해서도 배우고 있지요. "to부정사"에는 여러 가지 용법이 있지만 명사적 용법이라면, 예를 들어 "to solve the problem"이라면 「그 문제를 푸는 것」, 역시나 「~하는 것」이라고 해석되지요.

그럼 여기서 여러분들에게 묻겠습니다. that절과 to부정사는 어떻게 다를까요? 둘 다 「~하는 것」이라고 해석하잖아요. 아마도 여러분들은 주어가 붙어있는 것이 that절이고 주어가 없는 것이 to부정사라고 이해하고 있을 거예요.

「이 문제를 푸는 것은 어렵다.」를 영작해 보세요.

It is difficult to solve this problem.

 그렇지요? 그럼 「네가 이 문제를 푸는 것은 어렵다」는?

 It is difficult that you solve this problem.

　주어가 없을 때는 to부정사를 썼는데 「네가...」라는 주어가 붙으니까 that절을 썼지요? 결론부터 말하자면 that절을 쓴 문장은 틀렸습니다.
　to부정사와 that절은 우리말로 해석하면 둘 다 「~하는 것」이 되니까 비슷한 것처럼 느껴지고 학교에서도 둘 다 「명사절」이나 「명사적 용법」과 같이 「명사의 역할을 한다」라고 배워서 여러분은 두 문장의 차이에 대해 모르고 있는 거예요.
　위의 두 문장은 그 의미가 결정적으로 다릅니다. 그것은 주어의 유무의 차이보다 훨씬 더 큰 차이입니다. 주어가 없다고 to부정사로 하던 것을 주어가 있다고 해서 함부로 that절로 바꿀 수는 없는 것입니다.

「가정」이냐 「사실」이냐로 판단한다

　어떤 차이가 있는 걸까요? 잠깐 우리말로 생각해 봅시다. 「당신이 영어를 익히는 것은 쉽다.」라는 문장과 「당신이 이 꽃병을 깼다는 건 분명하다.」라는 문장을 비교해 보세요. 뜻은 전혀 다른 두 문장이지만 형태는 어딘가 모르게 닮았지요?
　그럼 두 문장에서 「당신이」라는 주어를 빼면 어떻게 될까요? 앞 문장은 「영어를 익히는 것은 쉽다.」, 뒤의 문장은 「이 꽃병을 깨뜨린 건 분명하다.」입니다. 앞의 문장은 일반론을 말하는 것이라면 그다지 어색한 문장은 아니지요? 하지만 뒤의 문장은 "누가" 깨뜨렸는지를 나타내는 부분이 빠져서 의미가 명확하지 않습니다. 그렇지 않나요?
　「쉬운」이라는 형용사는 주어가 없어도 되는데 형용사 「분명한」은 「누가 ~한 것이 분명하다」와 같이 「누가」의 부분이 절대적으로 필요한데 그 이유는 무엇인가요? 「쉬운」이라는 형용사와 「명백한」이라는 형용사의 결정적인 차이를 설명할 수 있나요?

- 🐱 음...
- 🐱 알 것 같은데 설명은 못 하겠나요?
- 🐱 네, 분명히 차이는 있는데...
- 🐱 그럼 좀 더 생각해 볼까요? 「위험한」이라는 단어는 어느 쪽 부류에 들어갈 것 같아요?
- 🐱 「쉬운」과 마찬가지로 주어는 없어도 되는 것이요......
- 🐱 그렇지요. 그럼 「있을 수 없는」은?
- 🐱 「누가 ~한 것은...」이라는 주어가 필요한 것입니다. 아, 주어가 없어도 되는 것은 일반적인 내용의 문장에 해당되고 주어가 필요한 것은 「누가~했다」라는 실제의 사실 같은 것을 나타내는 것 아닌가요?

좀 더 정확하게 말하자면 이렇습니다. 「(그가) 영어를 익히는 것은 쉽다.」라는 문장은 실제로 「그」가 영어를 공부하는지 안 하는지 전혀 상관이 없습니다. 단순히 가정만 해도 되는 것이지요. 「(그가) 이 강을 건너는 것은 위험하다.」라는 문장도 마찬가지입니다. 「위험하다면 건너지 말아야지」하고 안 건널지도 모릅니다. 가정인 것이지요.

그런데 「명백하다」나 「있을 수 없다」는 실제로 「누가 ~했다」라는 사실에 대해 「긍정」 혹은 「부정」을 하고 있는 것입니다. 무슨 말인지 알겠어요?

영어도 마찬가지입니다. to부정사는 「~하는 것」이라고 해석되기는 하지만 가정의 의미입니다. 그러나 that절은 똑같이 「~하는 것」이라도 현실, 실제상황인 것입니다. 어려운가요?

그럼 더 간단하게 구분하는 방법! 쉽게 말하면 주어가 없으면 절대로 어색한 경우는 that절을 사용합시다. 주어가 없어도 괜찮다 싶을 때는 to부정사를 사용합시다. 어때요?

앞의 문제는 「그가 그 문제를 푸는 것은 쉽다.」였습니다. 「그가」를 빼고 「그 문제를 푸는 것은 쉽다.」만으로 문장이 성립되지요? 그러면 to부정사를 써야 하는 겁니다.

- It is easy to solve the problem.

「그가」는 어디에 넣냐고요? to부정사의 의미상의 주어는 "for+사람"의 형태로 to부정사 앞에 넣어 나타낸다는 것은 기본 중의 기본이지요.

| **A**nswer | It is easy for him to solve the problem.

「~가 …하는 것」
「~가」를 빼더라도 문장이 성립되는 경우 → for + 사람 + to 부정사
「~가」를 빼면 문장이 성립되지 않는 경우 → that절

상징적인 예를 하나 들겠습니다. impossible이라는 단어 알지요? 뜻을 물어보면 모두 「불가능한」이라고 대답하는데요, 「있을 수 없는」이라는 뜻도 있습니다. 그래서 「불가능한」이라는 뜻일 때는 반드시 to부정사만 쓸 수 있습니다. 하지만 「있을 수 없는」의 뜻일 때에는 반드시 that절입니다.

- It is impossible for him to master it.
  그가 그것을 익히는 것은 불가능하다. (익히려고 해도)

- It is impossible that he ate it.
  그가 그것을 먹었다는 것은 있을 수 없다. (왜냐하면 그 자리에 없었으니까)

그렇다면 다음 연습문제를 that절과 to부정사 중에서 어느 쪽을 쓰면 좋을지 생각하면서 영작해 보세요.

 다음 우리말을 영작하시오.
(1) 영어로 의사소통을 못하는 사람이 혼자서 해외여행하는 것은 위험한가요?
(2) 담배가 건강에 악영향을 미친다는 건 일반사람들에게도 상식이다.

[해답편 p.298]

Lesson 30 | to부정사냐 that절이냐(2)
목적을 나타내는 경우의 용법

문제	▶ 길을 잃지 않도록 나에게 지도를 그려주세요.
오답의 예	▶ Draw me a map not to get lost.

주어를 제대로 파악한다

to부정사를 쓸 것인가 that절을 쓸 것인가 결정할 필요가 있는 경우가 또 있습니다. 목적을 나타낼 때입니다. 문법적인 사항을 잠깐 확인하고 넘어갈게요. 목적격은 to부정사를 써서 나타낼 수가 있습니다.

- He opened the door to enter the room.
 그는 방에 들어가기 위해 문을 열었다.

중학교 때부터 배워 온 문형이라 문제없지요? 하지만 주의해야 할 점은 to부정사에는 주어가 없다는 것과 주어가 없는 경우에는 본문의 주어가 to부정사의 의미상의 주어가 되기도 한다는 것입니다.

즉, 「그가 방에 들어가기 위해 그가 문을 열었다.」라는 의미가 된다는 겁니다. to부정사의 의미상의 주어가 무엇인지에 주의를 기울여야 합니다.

그럼 역으로 「그녀가 방에 들어갈 수 있도록 그가 문을 열었다.」처럼 주어가 일치하지 않은 경우에는 어떻게 하면 좋을까요? to부정사에 의미상의 주어를 "for+사람"이라는 형태로 붙여주면 되지요?

- He opened the door for her to enter the room.

그렇다면 앞의 문제를 다시 한 번 살펴보세요. 주어가 생략되었지만 사실은 「내가 길을 잃지 않도록 나에게 네가 지도를 그려 줘.」라고 말하고 있는 것 아니겠습니까?

오답의 예의 to부정사에는 주어가 붙어있지 않지요. 물론 문법적으로는 바른 문장이지만 이렇게 두면 「네가 길을 잃지 않도록 지도를 그려 놔.」라는 뜻이 되어버리잖아요.

이상하지요? 그렇게 되면 만약 어딘가를 가려는 사람에게 「너는 멍청하니까, 그곳으로 가고 있다고 해도, 가다가 「어? 내가 어디에 가려고 한 거였지?」할지도 모르니까 나가기 전에 지도를 확실하게 그려서 그 지도를 길 가다가 몇 번이고 확인하면서 가라!」고 말하는 것이나 다름이 없지 않아요?

그래서 to부정사에는 의미상의 주어를 제대로 써 넣어야 합니다.

- Draw me a map for me not to get lost. (△)

목적을 나타내는 방법

이렇게 하면 많이 좋아졌지요? 하지만 이 문장은 완전한 정답이라고 할 수는 없어요. 왜 그럴까요?

목적을 나타내는 문장은 to부정사 외에도 하나 더 있습니다.

- He opened the door so that he could enter the room.

이른바 「so that구문」입니다. "in order that"이라고 해도 괜찮지만 이것은 약간 딱딱한 표현이므로 "so that"으로 통일하도록 합시다. "so that"을 쓰면 목적을 나타낼 수가 있습니다. 마찬가지로 「그는 방에 들어갈 수가 있도록 문을 열었다.」가 되는 것이지요. 즉 to부정사로 나타낼 수 있는 것을 that절로도 나타낼 수가 있는 것입니다.

자, 그럼 이 둘은 어디가 다른 걸까요?

"to부정사"에는 보통 주어가 붙어있지 않습니다. 주어가 필요할 때는 "for+사람"으로 넣어줍니다. 하지만 「so that구문」은 "that절"이니까 반드시 주어가 있어야 합니다. 그 대신 주어를 약간 바꿉니다. 앞에 나온 문장을 예로 들어 보겠습니다.

- He opened the door so that she could enter.

이렇게 하면 「그녀가 ...하기 위해 그가 ...했다」라는 문장도 쉽게 나타낼 수 있습니다. 참, that절은 시제 일치에 주의해야 합니다. "could"가 바로 그것입니다.

앞의 Lesson에서도 나왔지만 주어의 유무의 문제를 생각하지 않는다면 to부정사나 that절이나 비슷한 것 같지요? 하지만 둘은 의미적으로 상당히 다릅니다.

to부정사로 목적을 나타낼 때는 목적과 행위가 직접적으로 연관이 있다는 것을 의미합니다. 다시 말해, 「방에 들어가기 위해 문을 연다」라는 문장이 있었는데 만약에 문을 안 열면 어떻게 되나요? 방에 들어갈 수가 없지요, 유령이 아니라면요.

반대로, 문을 열면 100% 그 문을 통과해서 방으로 들어가지요. 그러기 위해서 이 사람은 문을 열려고 하는 것이지요.

이와 같이 「방으로 들어가다」라는 목적과 「문을 열다」라는 행위가 직접 연관이 있을 때 to부정사를 사용하는 것입니다(He opened the door to enter the room).

to enter the room 100% open the door
└ 직접 연관이 있다

이번에는, 어머니가 아이에게 「차에 치일지도 모르니 보도를 걸어라.」라고 했다고 합시다. 만약에 어머니 말씀을 어긴다면 100% 차에 치이게 되나요?

그렇지는 않지요. 비가 오는 밤, 고속도로를 헤매고 있는 거라면 모를까 보통 길에서는 차도를 걷더라도 차가 피해주겠지요.

극단적으로 말하면 보도를 걷고 있다고 해도 트럭이 광란의 질주로 보도를 덮칠지도 모르는 일이잖아요. 단지 차도보다 보도가 조금 더 안전하다는 것이지요. 이와 같이 「차에 치이지 않도록 하다」는 목적과 「차도를 걷는다」는 행위가 직접 연관이 없을 때는 so that 구문, 즉 that절을 써서 나타내는 것입니다.

- Walk on the sidewalk so that you won't get into an accident.
  사고를 당하지 않도록 보도로 걸어라.

목적을 나타내는 방법
① 목적과 행위가 **직접적으로 연관이 있는 경우**
　　주어가 같다 → to부정사
　　주어가 다르다 → for 사람 + to부정사
② 목적과 행위가 **직접적으로 연관이 없는 경우**
　　so that S + V

그러면 앞의 문제로 돌아갑시다. 저는 새로운 곳을 여행하는 걸 좋아하는데요, 역이나 번화가는 지도가 없어도 대충 찾을 수가 있지요. 백화점이나 높은 빌딩이 보이는 곳으로 가면 되니까요.

하지만 지도를 가지고 있어도 헤맬 때는 헤맵니다. 단지 지도를 안 갖고 있을 때보다 덜 헤매는 것 뿐이지요. 그렇다면 목적과 행위가 그다지 밀접하게 연관이 있는 것은 아니라고 할 수 있기 때문에 「so that 구문」을 쓰는 것이 더 좋습니다.

| **A**nswer | Draw me a map so that I won't get lost.

그럼 다음 연습문제도 어느 쪽을 사용하는 것이 좋을지 생각하면서 영작해 보세요.

 다음 우리말을 영작하시오.

(1) 우리는 다른 사람들에게 충격을 주거나 그들의 마음을 상하게 하지 않도록 자신의 마음을 가능한 한 간접적으로 표현하는 경향이 있다.

(2) 그는 그녀가 지나갈 수 있도록 길을 비켰다.

[해답편 p.299]

제9회 접속사의 함정

Lesson 31 접속사의 함정(1)
접속사 how의 용법

문제	▶ 너는 내가 얼마나 그녀를 사랑하는지 결코 이해하지 못 할 거야.
오답의 예	▶ You will never understand how I love her.

가장 틀리기 쉬운 접속사는 뭐니뭐니해도 how입니다. 간접의문문이라고 하며, 여러 가지 의문사를 명사절을 만드는 접속사로 사용할 수 있다는 것은 여러분도 아실 거예요.

예를 들면, where는 의문사이지만 접속사로도 사용할 수 있으며 "where he went"라고 하면 「어디에 그가 갔는지(를)」이라는 명사절을 만들게 됩니다.

- **Where he went** is not clear.
  그가 어디로 갔는지는 확실하지 않다.

이렇게 주어로 사용하거나,

- I don't know **where he went**.
  나는 그가 어디로 갔는지 모른다.

와 같이 목적어로 사용할 수도 있습니다.

어순에 주의

how도 마찬가지입니다. 그런데 의문사인 how는 어떻게 사용되던가요?

- How old are you?

「너 몇 살이니?」라는 문장인데 이것은 You are very old.의 "very"「매우」를 "how"「어느 정도?」로 바꾸어서 만든 문장입니다.

- You are <u>very old</u>.
  ➡ C(보어)를 구성하고 있던 very old가 how old로 바뀌어 문두로 나간다.

"very old"는 원래 친하게 붙어서 보어를 구성하고 있었기 때문에 이것이 "how old"로 바뀌어도 둘이 함께 문두로 나간 것입니다. "How are you old?"라고 하면 어순이 이상한 것은 다 알겠지요?
「어느 정도?」라는 뜻의 "how"는 언제나 형용사나 부사와 함께 문두로 나갑니다. "how much"나 "how far"같은 것 말이에요.
그럼 다음 문장의 의미는?

- How do you come to school?

「당신은 어떻게 학교로 오나요?」입니다. 이 문장의 "how"에는 형용사고 뭐고 아무 것도 안 붙었지요? 단독으로 홀로 쓰이는 "how"는 「어떻게」라고 해석되는 수단을 나타내는 의문사입니다.
이것은 접속사가 된 "how"도 마찬가지입니다.

- I know how busy you are.
  네가 얼마나 바쁜지 난 알고있어.

- I know how he did it.
  그가 어떻게 그것을 했는지 난 알고있어.

how		
형용사·부사와 함께 쓰면	→ 「어느 정도」	정도
단독으로 쓰면	→ 「어떻게」「어떤 식으로」	수단·양태

　　오답의 예대로라면 「어떤 식으로 그녀를 사랑하는지」라는 뜻이 되어버립니다. 「여동생같이 사랑한다」와 같은 뜻이 되는 것이지요. 우리말로 직접 표기하지는 않지만, 「얼마나 사랑하는지」라고 하면 「얼마나 많이 사랑하는지」라는 뜻이지요. 따라서 I love her very much.의 "very much"를 how much로 바꿔서 다음과 같이 됩니다.

| Answer | You will never understand how much I love her.

 다음 우리말을 영작하시오.

(1) 네가 얼마나 미국에서 공부하고 싶은지를 부모님께 말씀드려라.
(2) 다른 사람들의 관점에서 생각하는 것이 얼마나 어려운가는 우리의 상상력이 얼마나 한정되어 있는지를 보여준다.

[해답편 p.299]

Lesson 32 | 접속사의 함정(2)
양보 · 역접의 접속사의 용법

문제	▶ 가격이 비싸더라도 나는 그것을 사고 싶다.
오답의 예	▶ Though it is expensive, I want to get it.

　이번에는 「양보」나 「역접」을 나타내는 접속사에 대해 살펴봅시다. 먼저 우리 말로 생각하는 겁니다. 「피곤하지만 공부한다」라는 말과 「피곤하더라도 공부한다」라는 말은 어떻게 다를까요?

　둘 다 「양보」나 「역접」으로 똑같이 생각하기 쉽지만 전혀 아니지요. 「피곤하지만」은 실제로 피곤한 겁니다. 하지만 「피곤하더라도」는 가정입니다. 실제로 피곤할지도 모르고 또 안 피곤할지도 모른다는 뜻이 됩니다.

주의!

역접의 접속사 (though 외)

　영어로 「실제로 ~ 하지만」은 though나 although, even though로 나타내며, but을 사용해서 나타낼 수도 있습니다.

- Though [Although/Even though] he lives in the country, he is not bored.

- He lives in the country, but he is not bored.
  그는 (실제로) 시골에 살고 있지만 지루하지는 않다.

양보의 접속사 (even if 외)

「비록 ~ 일지라도」라는 가정을 나타내기 위해서는 even if나 "no matter+의문사", "의문사+ever"를 씁니다.

- Even if he lives in the country, he won't be bored.
  비록 시골에 살더라도 그는 지루하지는 않을 것이다.

- No matter where he may live, he won't be bored.

- Wherever he may live, he won't be bored.
  어디에 살더라도 그는 지루하지 않을 것이다.

"no matter+의문사"나 "의문사+ever"의 형태는 알고 있지요? 「(비록) ~ 일지라도」라는 뜻인 양보의 접속사입니다. 모든 의문사는 이와 같은 형태로 쓸 수 있습니다. 다음 예문을 보세요.

- No matter what[whatever] he may say, I will go to the U.S.
  비록 그가 뭐라고 해도 나는 미국으로 갈 것이다.

양보 · 역접의 접속사
현실 → but, though, although, even though
가정 → even if, no matter + 의문사, 의문사 + ever

다시 앞의 문제를 살펴봅시다. 이 문장은 가정이라고 할 수 있지요? 먼저 "even if"를 사용해서 다음과 같이 쓸 수 있습니다.

| Answer | ① Even if it is expensive, I want to get it.

또는 「비록 아무리 비싸더라도」라고 생각해서 다음과 같이 쓸 수 있겠습니다.

| **A**nswer | ② No matter how expensive it is, I want to get it.
However expensive it is, I want to get it.

하지만 위의 형태를 사용할 때는 앞에서 배웠던 how의 특징을 생각하면서 어순에 주의(형용사가 how를 따라서 앞으로 나온다!)해야 합니다.

예제 **다음 우리말을 영작하시오.**

(1) 그들이 남들에게는 아무리 가난해 보여도 그들은 행복한 것이다.
(2) 요즘 아이들은 자신이 운전면허를 취득할 수 있는 나이가 될 때까지는 어디로 가더라도 부모들이 그들을 차로 데려다 준다.

[해답편 p.300]

제10회 전치사의 악몽

Lesson 33 | 전치사의 악몽(1)
시간을 나타내는 전치사의 용법 (1)

| 문제 | ▶ 사람들은 크리스마스에 선물을 교환합니다. |
| 오답의 예 | ▶ People exchange presents at Christmas day. |

응용을 시키자

이번에는 전치사를 공부합니다. 전치사는 정말 번거롭지요? 우리말에는 전치사가 없으니 우리에게 전치사는 정말 골칫거리입니다. 하지만 기본적인 사항을 조금만 주의하면 상당히 알기 쉬워집니다. 그러니 그런 사항들을 중심으로 짚고 넘어가도록 합시다. 먼저 시간을 나타내는 전치사입니다.

기본적인 사항을 복습해 둡시다 (다음 페이지의 표 참조).

중요한 것은 응용을 시켜야 한다는 것입니다. 예를 들어, 시각에는 "at"을 붙입니다. 「정오에」라고 할때도 "at noon"과 같이 "at"을 사용합니다. 날짜에는 "on"을 사용합니다. 「10월 11일」과 같은 구체적인 날짜와 「크리스마스에」나 「주말에」라고 할때도 역시 "on"을 붙여서 "on Christmas day", "on the weekend" 라고 하겠지요.

▶ 시각 · 날짜의 표기법

시각	at	at 5 o'clock/at noon/at midnight
시간대	in	in the morning/in the afternoon (단, at night은 예외)
날짜	on	on Sunday/on the 10th Dec.
그 이상의 단위	in	in the first week of July/in March/in summer/ in 1963

그런데 위의 표에서 약간 예외적인 규칙이 몇 가지 있습니다. 하나는 문법문제로 자주 출제되니까 잘 외워두세요.

Point 시간대를 나타내는 명사에 수식어가 붙는 경우에는 시간대를 나타내는 "in"은 "on"으로 바뀐다.

예를 들어,

- He left his hometown on a sunny morning.
  그는 어느 맑은 날 아침에 고향을 떠났다.

이와 같이 "sunny"라는 수식어가 붙는 경우, 전치사는 "in"이 아니라 "on"을 사용해야 합니다. 그 이유는 단순해요. 「어느 맑은 날 아침」이라면 어느 특정한 날 아침을 가리키는 것이지요? 그래서 날짜와 같이 "on"으로 표기하는 겁니다.

그리고 중요한 규칙이 하나 더 있습니다.

Point 명사에 this, that, last, next, every가 붙는 경우 전치사는 생략한다.

예를 들어, 아래와 같은 문장에서 "on"은 생략합니다.

- I will meet him this Sunday.

정답이 다음과 같이 되는 것은 벌써 알고 있겠지요?

| Answer | People exchange presents on Christmas day.

 다음 우리말을 영작하시오.

(1) 그 일요일 아침에는 식구들이 모두 일찍 일어나서 할아버지 댁에 가는 준비를 하느라 분주했다.
(2) 어머니는 오랫동안 여행할 기회가 없었기 때문에 다음 달의 여행을 기대하고 계신다.

[해답편 p.300]

Lesson 34 전치사의 악몽(2)
시간을 나타내는 전치사의 용법 (2)

문제	▶ 내일까지 이 편지를 다 써야 합니다.
오답의 예	▶ You have to finish writing this letter till tomorrow.

자, 시간을 나타내는 전치사의 두 번째 시간입니다. 이번에는 「~까지 (계속)」 「~까지는」의 뜻을 나타내는 전치사입니다.

「계속의 till」

여러분 "till"이나 "until"은 잘 알고 있지요? 이 둘은 모두 「~까지 (계속)」이라는 계속의 뜻을 가진 것으로 어느 쪽을 사용해도 무방합니다. 하지만 철자는 조심하도록 하세요. "until"을 "untill"로 쓰는 사람이 많은데 "l"은 하나뿐입니다.

- I will wait till five. 나는 5시까지 기다릴 겁니다.

「기한의 by」

한편, 전치사 "by"는 「~까지는」이라는 뜻을 나타냅니다.

- I will finish it by five. 나는 5시까지는 그것을 끝낼 겁니다.

「~까지 (계속)」은 "till"이나 "until"이고, 「~까지는」이 "by"라고 기억하는 것도 좋지만 헷갈리니까 「계속의 till」, 「기한의 by」라고 부르기도 합니다.

따라서 앞의 문제도 고치면 다음과 같습니다.

| Answer | You have to finish writing this letter by tomorrow.

전치사냐 접속사냐

그런데 한 가지 더 중요한 것은 "till"이나 "until"은 접속사로도 사용할 수 있다는 것입니다.

- I will wait till five. ← 전치사로 사용한 till
- I will wait till he comes. ← 접속사로 사용한 till

한편 "by"는 어떨까요? 전치사로만 사용할 수 있습니다. 그 대신 "by the time"이라는 접속사가 있습니다. 전혀 접속사로 보이지 않을지 모르지만 접속사가 맞습니다.

- I will finish it by five. ← 전치사의 by
- I will finish it by the time he comes. ← 접속사의 by the time
  나는 그가 올 때까지 그것을 끝낼 겁니다.

좀 복잡하지요? 정리해 둡시다.

「~까지」 (계속)   ...... till [until] (전치사, 접속사)
「~까지는」 (기한)   ...... by (전치사), by the time (접속사)

「~까지」인지 「~까지는」인지는 의미와 전치사인지 접속사인지의 형태라는 두 가지를 모두 고려해서 알맞은 것을 써야 합니다.

 다음 우리말을 영작하시오.

(1) 역에 도착할 때에는 우리가 타는 전철은 이미 떠나버리고 없었다.
(2) 실제로 그가 그것을 하기 전까지는 그가 할 수 있을지 없을지 아무도 모른다.

[해답편 p.301]

Lesson 35 전치사의 악몽(3)
시간을 나타내는 전치사의 용법 (3)

문제	▶ 2주 후에 그는 한국으로 돌아올 것입니다.
오답의 예	▶ He will come back to Korea after two weeks.

after와 in을 구별하기

또 한 가지 시간을 나타내는 전치사로 틀리기 쉬운 것이 있습니다. 「~ 후에」라는 표현입니다. 다음 문장을 살펴보세요.

- They got married in 1990 and after three years they got divorced.
  그들은 1990년에 결혼해서 3년 후에 이혼했다.

이와 같이 "after"는 「~ 후에」라는 뜻입니다. 조금 더 자세히 말하자면 「그리고 ~가 지나서」라는 느낌입니다. 즉, 「그들은 1990년에 결혼해서 그리고 3년이 지나서 그들은 이혼했다.」라는 느낌이지요. "after three years"라고 한 순간에 벌써 시점이 1990년에서 1993년으로 옮겨진 그런 느낌인 거예요.

하지만 「3년 지나면 그는 대학을 졸업한다.」라고 할 때 「그리고 3년이 지나서 그는 대학을 졸업한다.」라고 한다면 너무 이상하잖아요. 이런 말을 할 때의 시점은 현재에 그대로 있기 때문입니다. 그래서 영어로도 "after"를 사용하는 것은 이상한 것이지요.

이와 같은 경우에 "in"을 사용하는 겁니다.

- He will graduate from college in three years.

after + 시간   과거형과 함께 사용하며 「그리고 ~이 지나서」의 의미
in + 시간   과거형이라도 미래형으로 사용할 수 있으며 「~후에」의 의미

독해문제 등에서 윗 문장처럼 "in three years"라고 되어있으면 「3년 이내에」라고 해석해 버리는 사람이 있는데 이것은 잘못입니다. 조금 의외일지도 모르지만 "in"은 어디까지나 「~ 후에」입니다.

그러면 「~이내」는 어떻게 표현합니까? 물론 "within"이지요.

- She will come back within 10 minutes.
  그녀는 10분 이내로 돌아올 것이다.

in + 명사   「~ 후에」
within + 명사   「~ 이내에」

꼭 주의해 주세요. 그럼 앞의 문제를 바르게 고쳐봅시다.

| Answer | He will come back to Korea in two weeks.

 다음 우리말을 영작하시오.

(1) 10일 이내에 리포트를 제출하시오.
(2) 공사는 3주안에 끝날 겁니다.

[해답편 p.301]

Lesson 36 전치사의 악몽(4)
장소를 나타내는 전치사의 용법

문제 ▶ 우리 집은 큰길가에 있기 때문에 우리는 도로 소음으로 고민하고 있다.

오답의 예 ▶ Because our house stands along a main road, we are troubled by the noise of the traffic.

on의 용법

전치사에 관한 이야기를 계속하고 있는데요, 이번에는 장소를 나타내는 전치사입니다. 장소를 나타내는 전치사 중에서도 용법을 제대로 익혀야 하는 것이 "on"입니다. "on"은 흔히 「~의 위」라고 해석하는데 반드시 그런 것은 아닙니다.

「책상 위의 책」은 "a book on the desk"와 같이 우리말의 「~의 위」와 영어의 "on"이 대응합니다. 하지만 여기서 "on"을 사용하는 것은 사실은 「책상 위에」 책이 있는 게 아니라 책상과 책이 접촉되어 있기 때문입니다.

「벽에 걸린 그림」이라는 말에도 "a picture on the wall"과 같이 "on"을 사용할 수 있습니다. 「그림」은 「벽」위에 없는데도 말이지요.

그리고 「천장에 멈춰있는 파리」도 "a fly on the ceiling"과 같이 "on"을 사용합니다. 엄밀히 말하면 천장 밑에 파리가 있는 건데도 말이에요.

아무튼 무엇인가 거대한 것에 작은 것이 접촉하고 있으면 "on"이 되는 것입니다.

반대로, 우리말로는 「위」라고 하는데 "on"을 사용할 수 없는 경우도 있지요? 예를 들면, 「산 위의 달」은 "the moon above the mountain"이 되지요. 「산」과 「달」은 접해있지 않잖아요? 「상공으로」라는 뜻의 「위」는 "above"를 사용하는 겁니다.

"on"은 잘 사용하면 정말 편리합니다. 「호숫가의 집」을 뭐라고 할까요? 여러분 중에는 "a house near the lake"라고 하는 사람이 많을 거예요. 틀린 표현은 아니지만 이렇게 되면 호수까지 걸어서 5분 정도 걸리는 거리인 것 같습니다. 정말로 「호숫가에」 있다면 "the house on the lake"가 됩니다. 그렇다고 물 위에 집이 떠 있는 것은 아니겠지요.

그러면 앞의 문제에서, 「큰길가」도 역시 "on"을 써야 한다는 것 알겠지요? 「~가」든지 「~변」이든지 「호수」나 「큰길」에 「집」이 접해있다는 뜻이니까요.

「~가」라고 되어 있으면 along을 쓰는 사람이 많을텐데 왜 안 되는지 아세요? "along"은 「평행」을 나타내는 말입니다. 「길을 따라 걷다」는 "walk along the street"입니다. 「길」과 「걷는 거리」가 평행이기 때문입니다. 하지만 「길가의 집」이라고 할 때는 「길」은 직선이지만 「집」은 점입니다. 선과 점 사이에는 평행관계는 성립되지 않습니다. 만약 "along"을 사용하면 이렇게 생긴 집일 거예요!

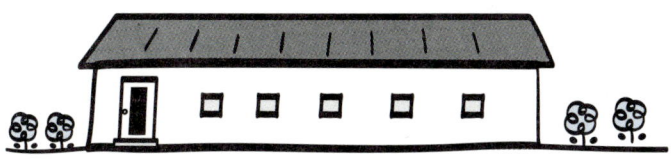

그리고 「고민하다」의 be troubled도 좋은 표현이 아닙니다. Part 2의 P. 235를 참조해 주세요.

| Answer | Because our house stands on a main road, we are bothered by the noise of the traffic.

 다음 우리말을 영작하시오.

(1) 이 강가에는 예전에 오래된 절이 있었다.
(2) 그 문에는 「출입금지」라고 쓰여진 경고문이 있었다.

[해답편 p.301]

Lesson 37 전치사의 악몽(5)
「~때문에」 = for는 아니다

문제	▶ 비 때문에 그 경기는 취소되었다.
오답의 예	▶ The game was canceled for the rain.

　시간을 나타내는 전치사, 장소를 나타내는 전치사를 공부했는데요, 이 외에도 틀리기 쉬운 전치사가 몇 개 더 있습니다. 이번에는 「~ 때문에」라는 우리말을 어떻게 영어로 고치는지에 대해 생각해 봅시다.

　조금 더 구체적으로 말하면 여러분은 "for"라는 전치사를 「~ 때문에」라는 의미라고 배웠을 거예요. 그래서 영작할 때도 「~ 때문에」라는 문장이 있으면 무조건 "for"를 쓰는 경우가 많습니다. 그런 습관을 고치도록 하는 것이 이번 공부의 목적입니다.

for의 올바른 용법

　먼저 「~때문에」라는 뜻은 아니지만 일반적으로 전치사 "for"를 사용하는 경우로 예를 들면, 「그녀를 위해서 저녁을 하다」 "cook dinner for her"와 같은 경우는 말할 것도 없이 "for"를 사용하면 됩니다. 이것은 4형식 문장을 이용한 것이지요. "cook for dinner"라고 해도 되니까요. 4형식 문장으로도 쓸 수 있겠다 싶은 것은 "for"를 사용하면 됩니다.

　그런데 「외국어 공부 때문에 미국으로 간다」는 어때요? "go to the U.S. for the study of English"라고 한다면 매우 좋지 않은 문장입니다. 이 경우의 「때문에」는 목적을 나타내지요? 물론 목적을 나타내려면 Lesson 30에서 배운 대로 (◉ p.119) to부정사를 쓰거나 so that구문을 쓰면 됩니다. 예를 들어, to부정사를 사용해서 "go to the U.S. to study English"라고 해야겠지요.

그럼 이번에는 「지각했기 때문에 선생님이 나를 야단치셨다.」의 경우가 헷갈리기 쉽습니다. 어때요? 정답은 이렇습니다.

- The teacher scolded me for being late.

「지각했기 때문에」라는 부분을 "for"라는 전치사를 이용해서 나타냈지요? 「지각했기 때문에」는 이유입니다. 즉 이유도 "for"를 사용해서 나타내는 경우가 있는 것이지요.

하지만 이것은 어디까지나 매우 특수한 예입니다. "scold"「야단치다」와 같은 동사는 「상벌동사」라고 부릅니다. 「상벌동사」란 말 그대로 「칭찬하다」, 「벌하다」라는 의미를 가진 동사를 말합니다. 이러한 동사와 결합시켰을 때만 "for"는 「이유」를 나타낼 수가 있는 것입니다.

기억!

상벌동사	
thank you for helping me	나를 도와줬기 때문에 당신에게 감사하다
praise him for doing it	그것을 했기 때문에 그를 칭찬하다
scold [blame] him for being late	지각했기 때문에 그를 야단치다
punish him for stealing money	돈을 훔쳤기 때문에 그를 벌하다
excuse [forgive] me for being late	지각한 것을 용서하다
apologize to him for being late	지각했기 때문에 그에게 사과하다
※ 그 외 for가 사용되지 않는 예외도 중요!	
accuse him of telling a lie	거짓말을 했기 때문에 그를 비난하다
congratulate him on passing the exam	시험에 합격했기 때문에 그를 축하하다

이러한 「상벌동사」는 말하자면 숙어 같은 것입니다. 이런 숙어적인 표현에서 「때문에」를 "for"로 쓴다고 해서 그것을 일반화시켜서는 안 됩니다. 「비 때문에

취소되었다」의 「때문에」까지 "for"로 나타낼 수는 없습니다.

그럼 어떤 표현을 사용할까요? 일반적으로 이유·원인은 "because of"를 사용해서 나타냅니다. 설명을 들으면 알수 있을지 모르지만 의외로 이 표현을 못 쓰는 사람이 많더군요.

| Answer | Because of the rain, the game was canceled.

Point

「~ 때문에」의 표현법
① 4형식 문장으로 → for
② 목적 → to부정사나 so that구문
③ 원인·이유 → (일반적으로는) because of
　　　　　　→ (상벌동사와 함께) for, of, on

 다음 우리말을 영작하시오.

(1) 최근 엔화강세 때문에 많은 일본사람들이 해외여행을 갑니다.
(2) 도쿄는 밤에 안전하게 걸을 수 있는, 세계에서 유일한 대도시로 칭송받고 있다.

[해답편 p.302]

Lesson 38 전치사의 악몽(6)
「~에 의해」 = by는 아니다

문제	▶	의학의 발달에 의해 많은 난치병의 치료가 가능해졌다.
오답의 예	▶	Many serious diseases can be cured now by the progress of medicine.

여러분들 중에는 「~ 때문에」가 곧 "for"다! 라고 믿어 의심치 않는 데다가 또 한 가지로 「~에 의해」가 곧 "by"라고 굳게 믿고 있는 사람도 더러 있을 겁니다. 「미국은 콜럼버스에 의해 발견되었다.」를 영어로 하면,

- America was discovered by Columbus.

와 같이 "by"를 써도 되지요? 수동태로 사용되는 "by"입니다. 하지만 「그 강은 많은 비로 범람했다.」는 다음과 같습니다.

- The river flooded by the heavy rain.

위와 같이 고쳤나요?

by의 올바른 용법

수동태의 문장에서는 능동태의 주어를 "by"를 사용해서 나타낸다는 것은 알지요? 원래 「콜럼버스가 미국을 발견했다.」였던 문장을 수동태로 만든 것입니다.

하지만 뒤의 문장은 "flood"「넘치다」라는 동사가 과거형이 된 것 밖에 없지요.

 수동태 이외의 문장에서 절대로 "by"를 쓰지 말아주세요.

만약 문제가 「홍수 때문에...」라면 여러분은 "for"를 사용했을 거예요. 그러나 문제가 「홍수에 의해」라면 여러분은 "by"를 사용할 것이구요. 이것은 여러분이 영작을 할 때 얼마나 우리말의 영향을 많이 받고 있는지를 잘 나타내주고 있는 현상입니다.

「때문에...」라든지 「...에 의해」라든지 「홍수」가 원인인 것이지요. 그렇다면 "because of"를 사용하면 되는 거잖아요, 그렇지요?

또는 원인을 나타내는 「~ 때문에」는 with를 사용하는 것도 경우에 따라서는 가능합니다. "with"는 비례를 나타내어 「~함에 따라」라는 뜻이 있기 때문입니다.

- With age, he became wiser.
  나이가 듦에 따라 그는 더 현명해지고 있다.

「과학의 발달에 의해 사람들은 풍요로워졌다.」라는 문장을 영어로 할 때는 「과학의 발달 때문에」라고 생각해서 이유를 나타내는 "because of"를 쓸 수도 있지만 「과학의 발달에 따라」라고 생각해서 "with"를 사용할 수도 있는 것입니다.

- With the progress of science, people became richer.

Point
「~에 의해」 → 능동태 문장의 주어는 수동태에서는 by+목적격으로 쓴다.
→ 「이유」는 because of 혹은 with로 나타낸다.

그럼 앞의 문제에 대해 생각해볼까요? 이 문장은 분명히 수동태로 「의학의 발달로 병이 치료된다」라고 되어있습니다. 그러나 실제로 병을 치료하는 것은 의사선생님이지요. 의학의 발달이 이 문장의 원래 주어였다고는 할 수 없습니다. 따라서 "by"를 사용할 수 없는 겁니다.

| **A**nswer | Because of [With] the progress of medicine, many serious diseases can be cured now.

그리고 단어에 관해서 이야기하자면, 「발달」을 "development"로 고치는 사람이 많은데 이것 또한 좋지 않습니다. Part 2에서 P. 233를 참조해 주세요.

 다음 우리말을 영작하시오.

(1) 텔레비전의 보급에 의해 사람들이 집에 있는 시간이 길어졌다.
(2) 통신수단의 발달에 의해 세계는 더욱 좁아지고 있다.

[해답편 p.302]

Lesson 39 전치사의 악몽(7)
수단이나 도구를 나타내는 전치사

문제	▶ 그는 8시 30분 KAL편으로 샌프란시스코로 갈 것이다.
오답의 예	▶ He will leave for San Francisco by the eight thirty KAL flight.

또 한 가지, 구별이 쉽게 되지 않는 것이 「~로」라는 말을 어떻게 표현하는가, 즉 수단이나 도구의 표현법입니다.

「~로」의 바른 표현방법

예를 들어 「칼로 사과를 썰다」는 뭐라고 하나요?

 "cut an apple with a knife"인가요?

맞아요. 잘 했어요. 보통 도구는 "with"를 써서 나타냅니다. 이것이 원칙이지요. 하지만 「전철을 타고 학교에 간다」는 어떻게 되나요?

 "go to school by subway"

그렇지요. 「칼로」도 「전철로」도 둘 다 「~로」이지만 이것은 "by"로 나타냅니다. 왜냐하면 『교통 · 전달 수단』은 "by"를 쓴다는 규칙이 있기 때문입니다.

교통 수단이 by라는 것은 모두 잘 알지요. "by train"「기차로」혹은 "by bus"「버스로」라든지 "by air"「비행기로」라든지 말이에요. 하지만 전달 수단도 by를 씁니다. "by fax"「팩스로」, "by express"「속달로」도 역시 by를 씁니다.

먼저 이 점을 확인해 둡시다.

하지만 이 표현에서 약간 주의가 필요한 것은 "by subway"라고 할 때 "subway"가 무관사가 되어있는 것입니다. 원래 「전철」은 가산명사입니다. 그래서 관사를 붙이거나 복수로 하지 않으면 이상한 것이지요.

그런데 여기서는 아무 것도 붙이지 않고 무관사로 쓰인 거예요. 왜 이런 현상이 일어날까요? 그것은 「전철이라는 탈 것」과 같은 소위 추상명사화 시키고 있기 때문입니다.

그렇다면 추상적인 「전철이라는 탈 것」이 아니라 「이 전철에서」라든지 「8시의 기차로」라든지 구체적인 특정 전철을 지칭하는 경우에는 이 표현을 쓸 수 없다는 것입니다.

알겠습니까? 확인하고 넘어가지요. 교통수단의 by는 뒤에 무관사명사를 붙여서 "어느 버스인지", "어떤 전철인지"를 특정시키지 않을 때만 사용할 수 있습니다. 그럼 그렇지 않을 때는 어떻게 할까요? 그럴 때는 "in"이나 "on"을 사용합니다.

"go on the No.8 bus"「8번 버스로 가다」라든지 "go in his car"「그의 차를 타고가다」라는 식으로요. "in"과 "on"의 차이에는 그렇게 신경을 쓰지 않아도 되겠습니다.

> **Point**
> 도구 → with
> 교통·전달수단 → by (단, 교통수단에 수식어가 붙을 때는 in 혹은 on)

go by bus

제10회 전치사의 악몽 **149**

이제 앞의 문제도 어디가 틀렸는지 알겠지요?

| **A**nswer | He will leave for San Francisco on[in] the eight thirty KAL flight.

 다음 우리말을 영작하시오.

(1) 이 편지를 속달로 보내고 싶습니다.

(2) 6시 신간센으로 도쿄를 떠나면 8시에는 센다이에 도착합니다.

[해답편 p.302]

Lesson 40 | 전치사의 악몽(8)
without의 올바른 용법

문제	▶	비가 왔기 때문에 그는 나가지 않고 집에 있었다.
오답의 예	▶	Because it was raining, he stayed home without going out.

「~하지 않고 ~하다」의 두 가지 의미

전치사는 이번이 마지막회입니다. 마지막으로 꼭 주의해야 할 전치사는 "without"입니다. "without"은 「~없이」라는 뜻의 전치사로, 뒤에 가끔 ~ing 형이 붙어서 「~할 일 없이」라는 뜻이 된다는 것은 여러분 아시지요?

예를 들어, 「불평 없이 일하다」와 같은 문장은 "without ~ing"를 편리하게 활용해서 "work without complaining"이라고 하면 되는 것이지요. 그렇게 하면 "complain"이라는 동사가 「불평하다」라는 뜻의 동사이므로, 「불평하지 않고 일하다」가 되는 것입니다.

이런 경우에는 얼마든지 "without ~ing"를 활용하면 좋은데 「나가지 않고 집에 있다」고 할 때는 "stay home without going out"은 좋지 않습니다. 왜 그런지 알겠어요?

「불평하지 않고 일하다」나 「나가지 않고 집에 있다」도 둘 다 「~하지 않고 ~하다」라고 되니 형태는 닮아있지요? 하지만 둘은 전혀 다른 것입니다.

첫 번째 예에서는 「불평하다」라는 행위를 하면서도 동시에 「일하다」라는 행위도 할 수 있지요? 입으로는 「왕 짜증나」하면서 툴툴거려도 손은 어쩔 수 없이 움직이는 그런 상황이 가능한 거예요.

그런데 두 번째 예는 어떤가요? 「나가다」라는 행위와 「집에 있다」라는 행위를 동시에 할 수 있습니까? 몸이 두 개라도 되면 모를까 그렇지 않으면 무리겠지요.

즉, 「불평하지 않고 일하다」는 「불평하다」라는 행위와 「일하다」라는 행위, 이 두 가지를 동시에 할 수가 있는데 한 쪽 행위만 하고 다른 행위는 안 한다라는 뜻이 되는 겁니다.

하지만 「나가지 않고 집에 있다」라고 할 때는 「나가다」라는 행위와 「집에 있다」는 행위가 양자택일 해야 할 상황으로 어느 한 쪽을 택하면 다른 한 쪽은 택할 수 없는 상황에서 어느 쪽인가를 택했다는 것을 의미합니다. 이럴 때 "without"은 쓸 수 없습니다. 이 경우에는 「~하는 대신에」라는 뜻의 "instead of"를 사용합니다.

「~하지 않고 ~하다」
동시에 할 수 있는 두 가지 행위 중 한 가지 행위만 한다 → "without ~ing"
양자택일의 어느 한 쪽을 택한다 → "instead of"

따라서 앞의 문제도 "without"은 어색하지요?

| **A**nswer | Because it was raining, he stayed home *instead of going out.*

그럼 다음 예제도 어느 쪽이 좋을지 잘 생각해서 영작해 보세요.

 다음 우리말을 영작하시오.

(1) 우리는 생필품의 대부분을 외국에 의존하고 있음을 깨닫지 못한 채 산다.
(2) 조이아슬런(joy-athron)이라고 하는 경주에서는 서로 경쟁하지 않고 사람들이 자신의 페이스로 경주를 즐긴다.

[해답편 p.303]

제11회 고빈도 표현대책!

Lesson 41 고빈도 표현대책!(1)
단정을 피하는 표현의 용법

문제	▶ 이 컴퓨터는 작동되지 않네. 고장난 것 같다.
오답의 예	▶ This computer doesn't work. It may be broken.

문법단위별로 하나 하나 짚어가는 공부는 이제 끝나고 이번부터는 좀 더 실전에 맞게, 영작문제에 자주 나오는 표현 중 여러분이 틀리기 쉬운 것을 익혀나가도록 합니다.

확률이 균등한 "may"

먼저 그 첫 회는 「~인 것 같다」 「~일지도 모른다」의 "단정을 피하는 표현"에 대해서 배워봅시다.

여러분의 특징을 한 마디로 말하면 「"may"를 너무 많이 쓴다」라고 요약될 것입니다. 「개근상감인 그가 없다. 병난 것일지도 모른다.」와 같은 문장에서마저도 "He may be ill."라고 해서 "may"를 사용하는 것은 좋지 않은 버릇입니다. "may"는 여러분이 생각하는 것보다 훨씬 일어나는 확률이 적음을 뜻합니다.

"may"는 몇 %의 확률이라고 단정지어서 말하기는 어렵지만 『"may"는 확률이 균등하게 나누어진다』라고 생각하면 됩니다. 무슨 말이냐면,

- He may come.
  그는 올지도 모른다.

라고 말했다고 합시다. 그런데 이 문장에는 "He may come or not come."이 숨어있는 것입니다. 즉 「올지도 모르고 안 올지도 모른다.」니까 확률은 50%씩으로 나누어진다고 할 수 있겠습니다.

또한 "He may come at 3, at 4 or at 5." 「그는 3시에 올지도 모르고 4시에 올지도 모르고 5시에 올지도 모른다.」라고 하면 확률은 3분의 1씩입니다. 아시겠어요? 그런 뜻에서 "may"는 확률이 균등하게 나누어진다는 겁니다. 그러면 「그가 병난 것일지도 모른다.」라는 앞의 문장에서 "may"를 사용하는 것은 너무나 어색하다는 것을 알 수 있겠지요. "He may be ill."이라면 그 외에 아무 것도 안 써놨더라도 「병났거나 그렇지 않거나」라는 두 개의 선택지를 누구나 떠올리게 되는 그런 문장입니다. 즉 "He may be ill."이라면 「(50%의 확률로) 그는 병났다.」라는 말이 되는 것이지요.

개근상감인 근면성실한 그가 처음으로 학교를 쉬었는데 「병났을지도 모르겠네~(50%) 하지만 병난 게 아닐지도 모르겠네~(50%)」라고 한다면 이상하지요?

여기서는 「개근상을 받을 정도로 근면성실한 그가 쉬다니 땡땡이 치는 것은 아닐 테고 아마도 병났을 거야!」라는 말을 하고 싶은 것이니까요.

"seem"을 사용할 때

이럴 때는 "seem"이라는 동사를 사용하는 게 가장 좋습니다. "seem"이란 「~같이 보이다」라고 해석하지만 조금 더 정확하게 말하면 「논리적으로 ~라고 추정된다」라는 뜻입니다.

「성실한 그가 쉬었다」는 상황을 분석한 결과 「병났다」고 추정할 때 "seem"을

사용하는 겁니다. 따라서 여기서는 "seem"을 쓰는 게 좋습니다.   〈주의!〉

단, "seem"은 용법에 주의해야 합니다. 형식상의 주어인 "it"을 사용해서 "It seems that S + V." 라는 형태로 사용하거나 아니면 주어를 그대로 써서 "S + seems to ..." 라는 형태로 사용하든지 둘 중 하나입니다.

그럼 앞의 문제로 돌아갑시다. 「고장나있다」는 "Something is wrong with ~"가 좋습니다(Part 2 p. 201 참조). 여기에 "seem"을 붙이면 되는 것이니까 다음과 같이 됩니다.

| Answer | ① This computer doesn't work. It seems that something is wrong with it.

② This computer doesn't work. Something seems to be wrong with it.

다양한 「~인 것 같다」의 표현들

그럼 「~인 것 같다」를 조금 더 자세히 살펴봅시다. "seem"과 비슷한 단어에 "look"이 있습니다. "look"은 「~로 보이다」라는 뜻이지요? "seem"하고 거의 같다고 보면 되지만 약간의 차이가 있습니다.

우선 의미상으로, "seem"은 아까 말한 바와 같이 「논리적인 결론」이라고 한다면 "look"은 말 그대로 「눈으로 본 것을 바탕으로 한 판단」입니다. 「결석이라는 점으로 판단하건데 그는 병이 난 것 같다」라는 것이 "seem"를 사용해서 표현할 수 있는 내용이라면, 지금 눈앞에 있는 사람의 「안색이 안 좋다」라는 「눈에 보이는 것」으로 판단하건데 병이 난 것 같다는 게 "look"입니다.

그리고 형태로는 look은 형식상의 주어를 사용해 It looks ... 라고 했을 때는 "seem"과 달리 "that"절을 이어 붙일 수는 없습니다. 반드시 "It looks as 〈주의!〉 if S + V."「마치 ~과 같이 보이다」라는 식으로 "as if ..."로 문장을 이어가야 합니다.

- You look pale. You look to be ill. [It looks as if you are ill.]
  안색이 안 좋아. 병난 것 같은데.

더 예를 들어봅시다. 이런 문장은 어때요? 「그는 부자인 것 같다」.

"may"의 과다 사용과 더불어 여러분이 지나치게 많이 쓰는 표현이 "It is said that S + V"의 형태입니다. 위의 예도 아무 생각 없이 "It is said he is rich."라고 영작하는 사람이 많을 거예요. 하지만 이것은 잘못된 것입니다.

"It is said that S + V"의 형태는 일반적인 정설 밖에 사용할 수 없다고 알고 있으면 될 것 같아요. 무슨 상담전화 같은 것 있잖아요. 거기 전화해서 물으면 대답이 돌아올 수 있는 그런 이야기만 이 형태를 쓸 수 있답니다. 이 예문의 「그」가 얼마나 유명한 사람인지는 모르지만 상담실에 전화를 걸어 「그가 부자예요?」라고 물으면 어떻겠어요?

그러나 「야채는 몸에 좋은 것 같다」라는 문장은 이 형태를 얼마든지 사용할 수 있겠습니다.

It is said that vegetables are good for your health.

기억! 보통 「전해들은 이야기」도 「~인 것 같다」라고 이야기하지요? 「저 선생님 결혼한 것 같아.」처럼 말입니다. 이러한 「전해들은 이야기」의 「~인 것 같다」는 "I hear that S + V"를 사용하도록 합시다.

I hear (that) he is married.

그럼 정리해 둡시다. 기억해야 할 것들이 많지요?

「~인 것 같다」
- may ← 너무 많이 사용하지 말 것!
- It seems that S + V/S seems 형용사 [to부정사] ← 논리적 결론
- It looks as if S + V/S looks 형용사 ← 눈으로 본 것을 바탕으로 한 판단
- It is said that S + V ← 정설
- I hear that S + V ← 전해들은 이야기

 다음 우리말을 영작하시오.

(1) 그는 한 마디도 말하지 않았다. 화난 것 같았다.
(2) 많은 일본인들은 여행을 좋아하는 것 같다. 작년 여름에 국내외를 여행한 사람들의 수가 500만명이라고 하는 것 같다.

[해답편 p.303]

Lesson 42 · 고빈도 표현대책! (2)
「~만에」의 편리한 표현

문제	▶ 어제 5년만에 그를 만났다.
오답의 예	▶ I met him after five years' absence yesterday.

또 한 가지 여러분이 실수하는 표현으로 「~만에」라는 것이 있습니다.

수업시간에 이 문장의 영작을 학생들에게 시켜보면, 아마도 어느 한영사전에 그렇게 나와있는지 몰라도 "after ~ absence"라고 다들 쓰더라고요. 하지만 "absence"는 「부재」라는 뜻이지요? 「5년간의 부재 끝에 그는 한국으로 돌아왔다.」라는 문장이라면 쓸 수도 있겠지요. 하지만 「열흘간의 부재 끝에 비가 왔다.」는 이상하잖아요?

따라서 「~만에」라는 표현을 나타내는 데 반드시 사용할 수 있는 단어는 아니란 말이지요.

그러면 「~만에」는 어떻게 표현하면 될까요? 편리한 표현이 있으니 꼭 기억해 두세요.

Point 「~만에」 → for the first time in 시간

앞의 문제로 한 번 생각해 볼까요?

| Answer | Yesterday I met him **for the first time in five years.**

이렇게 고치면 됩니다. 직역하면 「어제 5년 동안 처음으로 그를 만났다.」가 됩니다. 최근 5년 동안 처음이니까 5년만에 만났다는 말이 되지요.

이 표현의 좋은 점은 응용할 수 있다는 겁니다.

예를 들어, 아까 나온 문제를 약간 바꿔봅시다. 「어제 나는 오랜만에 그를 만났다.」는 어떻게 고치면 될까요?

 음...Yesterday I met him after a long time of ...

 그게 아니라 아까 것의 응용이라고 했지요? 「장기간에 처음으로 만났다」고 하면 되는 거 잖아요?

 그렇군요. Yesterday I met him for the first time in a long time.

위와 같이 되는 것이지요.

Point 「오랜만에」 → for the first time in a long time

 다음 우리말을 영작하시오.

(1) 오늘 오랜만에 비가 왔다.
(2) 제주도에 사는 친구가 10년만에 저를 만나러 옵니다.

[해답편 p.304]

Lesson 43 | 고빈도 표현대책!(3)
「~해서야 비로소」의 표현법

문제	▶	집에 도착해서야 비로소 나는 우산을 전철에서 잃어버렸다는 것을 알았다.
오답의 예	▶	It was not until I got home that I realized that I forgot my umbrella in the train.

위의 오답의 예는 영작이 비교적 잘 된 문장입니다. 하지만 「잊다」는 "forget"이 아니라 "left"를 써야 합니다. Part.2에서 P.198을 참조해 주세요.

이 오답의 예는 「~해서야 비로소 ~하다」라는 문장을 "It is not until ... that ..."의 형태로 고친 것이지요. 이것도 괜찮지만 더 쉽게 쓸 수 있습니다. 그것이 이번에 배울 내용이지요.

Simple is best!

이 경우에는 "only"라는 단어를 쓰는 것입니다. 예를 들면,

- I knew the fact only yesterday.

이것은 무슨 뜻일까요? 「나는 어제만 그 사실을 알고 있었다?」는 아니지요. 「나는 어제가 되서야 비로소 그 사실을 알았다.」라는 뜻입니다. 의외의 맹점인데 "only"에는 「~만」이라는 뜻 외에 「~해야 비로소, ~해서 겨우」라는 뜻도 있답니다.

"only"를 쓰면 앞의 문제도 단번에 해결할 수 있겠지요?

| **A**nswer | ① I realized that I left my umbrella in the train only when[after] I got home.

"only when S + V"「~했을 때가 되서야 비로소」 또는 "only after S + V"「~한 뒤에야 비로소」라고 하면 됩니다.
조금 복잡하지만 이런 방법도 있습니다.

| **A**nswer | ② I didn't realize that I left my umbrella in the train until I got home.

어려운가요? "not + until" 구문이라고 하는 건데요, 쉽게 말하면 「집에 돌아갈 때까지는 우산을 잃어버렸다는 것을 알지 못했다.」라고 말하고 있는 겁니다. 「~할 때까지는 ~하지 않았다」고 하면 「~해서야 비로소 ~했다」는 말과 같은 뜻이 되는 것이지요.
즉, "only"와 「부정문과 "until"을 결합시키는 것」은 결국 같은 뜻이 되는 것입니다.

> **Point** 「~해서야 비로소~」 → only 혹은 not ~ until

또한 "not ~ until"의 문장을 강조구문으로 고치면, 처음에 오답의 예로 제시했던 유명한 구문 "It is not until ... that ..."의 형태가 되는데요, 이처럼 틀리기 쉬운 형태로 무리하게 영작할 필요는 없다고 봅니다. Simple is best! 입니다.

예제 다음 우리말을 영작하시오.

(1) 그녀가 죽고나서야 비로소 그녀가 좋은 사람이었다는 것을 깨달았다.
(2) 외국에서 살게 되고 나서야 비로소 나는 내가 얼마나 한국을 알지 못했는지를 깨달았다.

[해답편 p.304]

Lesson 44 고빈도 표현대책!(4)
「~할 수가 있었다」의 표현법

문제	▶ 1년간의 노력 끝에 그는 그 대학에 들어갈 수가 있었다.
오답의 예	▶ After a year of efforts, he could get into that college.

이것도 여러분이 자주 범하게 되는 실수입니다.

"can"은 「~할 수 있다」라는 뜻이라고 배웠을 거예요. 그리고 "can"의 과거형은 "could"라고 배웠을 테지요. 그러니 여러분들은 당연히 "could"는 「~할 수 있었다」라는 의미라 생각하고 「~할 수가 있었다」라는 영작이 나오면 기계적으로 "could"를 쓰게 되는 것이고요.

「~할 수 있었다」= could는 아니다

주의! 결론부터 말하면 이런 방식은 완전히 틀렸습니다. 「~할 수가 있었다」의 우리말은 반드시 "could"가 되는 것은 아닙니다!

여기에는 몇 가지 이유가 있는데요, 그 중에서 가장 이해하기 쉬운 이유는 이렇습니다.

여러분에게 제가 "Can you swim?"이라고 물으면 "Yes, I can."이라고 대답하는 학생들이 많을 거예요. 그럼 제게 그 증거를 보이기 위해 여러분은 이 자리에서 갑자기 옷을 벗어 던지고 헤엄칠 건가요? 선생님 보세요! 저 수영 잘 하지요?라고요.

설마 그럴까요! 무슨 말을 하고 싶은지 아시겠어요? 「헤엄칠 수 있다」는 것과 실제로 그 자리에서 「헤엄치다」는 것은 다릅니다. 당연하지요?

과거형 "could"도 마찬가지입니다. 무엇을 할 능력이 있었다는 것과 실제로 그것을 했는지 안 했는지는 다른 문제인 것이지요. 「그 대학에 들어갈 수는 있었다」 그러나 자신이 가고 싶었던 대학이 아니었기 때문에 원서도 내지 않았다라고 한다면 흔히 들을 수 있는 이야기인데요, could는 단순하게 "능력이 있다"는 가능성을 나타내는 표현에 지나지 않을 때에만 쓸 수 있는 말이라는 겁니다.

하지만 「~할 수가 있었다」고 하면 「그런 능력이 있었다」(가능성)뿐만 아니라 「그렇게 했다」(사실)라는 뜻도 됩니다.

예를 들어, 「그는 선생님의 질문에 대답할 수가 있었다.」라는 문장을 보고 무슨 생각이 드나요? 「그」는 선생님의 질문에 대답했구나라고 생각되지요? 답변할 능력은 있었는데, 「그런 바보같은 질문에 어떻게 대답하냐!」하는 생각에 아무 말도 안 하고 있었다고는 생각하기 힘들지요?

여기서 「~할 수 있었다」와 영어의 "could"의 큰 괴리를 볼 수 있는 것입니다.

그렇다면 「~할 수 있었다」는 어떻게 영작하면 될까요? 「~할 능력이 있고 실제로 그것을 했다」라고 하려면 영어로 "manage to 동사원형"「용케 ~하다」나 "succeed in ~ing"「~하는 데 성공하다」를 씁니다. 혹은 더 단순하게 「~했다」와 같이 과거형을 써도 괜찮습니다.

앞의 문제를 생각해 봅시다. 「노력의 1년 끝」이라는 부분도 틀린 것은 아니지만 약간 막연한 감이 있으므로 고쳐볼게요.

| Answer | ① After studying hard for a year, he managed to get into that college.

　　　　 ② After studying hard for a year, he succeeded in getting into that college.

　　　　 ③ After studying hard for a year, he got into that college.

반대로 「~할 수가 없었다」라는 부정문일 때는 "couldn't"를 쓰면 됩니다. 왜냐하면 「~할 능력이 없다」라면 실제로도 「~하다」가 될 수는 없을 테니까요. 그럼 정리해 둘까요.

「~할 수가 있었다」 → succeed in ~ing
또는 manage to + 동사원형 혹은 과거형
「~할 수가 없었다」 → couldn't

이것도 다음 연습문제에서 실제로 써보고 익히도록 하세요.

 다음 우리말을 영작하시오.

(1) 어제 숙제를 끝낼 수 있었기 때문에 오늘은 한가하다.
(2) 상사에게 9월에 휴가를 달라고 부탁했다. 그는 그 생각이 마음에 들지 않은 것 같았지만 나는 용케 그를 설득할 수가 있었다.

[해답편 p.305]

Lesson 45 고빈도 표현대책! (5)
틀리기 쉬운 품사의 용법

문제 ▶ 문제는 우리 아이들이 서로 싸운다는 것이다.

오답의 예 ▶ The trouble is that our children always quarrel each other.

이번에는 여러분이 품사를 오해하기 쉬운 단어·숙어를 모아서 살펴봅시다.

틀리기 쉬운 each other는 대명사

틀리기 쉬운 단어의 으뜸은 단연 "each other"입니다. "each other"는 「서로가(×)」가 아니라 「서로(○)」입니다. 무슨 말이냐면 이것은 분명히 대명사입니다. 부사가 아닙니다.

예를 들면, 「그들은 서로 사랑하고 있다.」라는 문장을 영작하면 They love each other.이라고 하면 되지요? "love"는 타동사이고 그 목적어에 "each other"이라는 대명사가 들어갔기 때문입니다.

그런데 「그들은 서로 바라보았다.」는 어떻게 될까요? They looked each other.(×)는 틀렸습니다. 왜냐면 「그들은 그 개를 보았다.」라고 하면 They looked at that dog.인데 여기서 "that dog"은 명사와 마찬가지로 써야 하는 것이며, 대명사인 "each other"도 마찬가지인 셈입니다. 그러니 They looked at each other.(○) 라고 해야 옳은 영작이지요.

그럼 앞의 문제에 대해 생각해 봅시다. 「~와 다투다(말다툼하다)」는 "quarrel with + 사람"이지요. "each other"를 쓰더라도 당연히 다음과 같이 되겠습니다.

| **A**nswer | The trouble is that our children always quarrel with each other.

even의 품사는?

이왕이면 품사를 틀리기 쉬운 단어를 더 확인해 둡시다. 제 경험으로, 품사를 틀리기 쉬운 단어 두 번째는 "even" 입니다. 「비가 오더라도 나는 나간다.」라는 문장을 영작해 봅시다.

- Even if rains, I will go. (×)

라고 고친 학생이 있어요? 틀렸습니다. "even"은 「~조차」라는 뜻을 가진 부사입니다. 좀 더 구체적으로 설명하지요. 다음 두 문장을 비교해 보세요.

- He works on Sundays.
  그는 일요일에 일한다.

- He works even on Sundays.
  그는 일요일조차 일한다.

"even"을 "on Sundays"의 앞에 붙이면 「평일에는 물론 일요일에도」라는 뜻이 되는 것이지요. 그럼 다음 문장을 살펴볼까요?

- This book is good for beginners.
  이 책은 초보자에게 좋다.

- This book is good even for beginners.
  이 책은 초보자에게조차도 좋다.

알겠지요? "even"을 붙임으로서 결국 「누구에게나」라는 뜻이 되는 겁니다.

마찬가지로,

- If it rains, I will go out.
  비가 오면 나간다.

- Even if it rains, I will go out.
  비가 올 때조차도 나간다.

즉 "even"은 접속사가 아닙니다. 「만약 ~라면」이라는 "if"라는 접속사 앞에 붙어서 「만약 ~했을 때조차」라는 뜻으로 「어떤 경우에라도」라는 의미를 나타내는 부사입니다.

because의 주의할 점

또 하나 여러분이 품사를 틀리기 쉬운 것이 "because"입니다.

예를 들어, 「나는 오늘 집에 있고 싶다. 피곤하기 때문이다.」라는 문장을 영작하라고 하니 이렇게 고치는 사람이 있어요.

- I want to stay home today. Because I'm tired. (×)

어디가 틀렸는지 아시겠습니까? 당연한 건데, "because"는 접속사입니다. 두 문장을 연결하는 기능이 있다는 것이지요.

하지만 두 번째 문장은 "Because S + V"의 형태가 되어있어서, "because"가 접속사로서의 원래 기능을 하고 있지 못합니다. 그래서 이것을 옳게 고치면,

- I want to stay home today because I'm tired. (○)

즉 마침표를 찍는 게 아니라 두 문장을 그대로 이어서 쓰는 것입니다. 혹은

"It is because S + V"라는 문구가 있으므로 이것을 사용해서,

- I want to stay home today. It is because I'm tired. (○)

라고 해도 좋습니다. 마침표만 안 찍었지 비슷하지 않으냐고 할지 모르지만 마침표를 찍어버리면 감점 처리되기 쉬울 겁니다.

이상을 정리해 둡시다.

> **Point**
> each other → 대명사
> even → 부사
> because → 접속사

품사를 틀리기 쉬운 단어를 나열하면 이밖에도 끝이 없습니다. 예를 들어 "cross"는 「가로지르다」라는 타동사지만 "across"는 「~을 가로질러서」라는 뜻의 전치사입니다. 따라서 「길을 가로지르다」는 "cross the street" 아니면 "go across a street"입니다. 여러분도 평소 공부하면서 품사를 늘 의식하는 습관을 기르지 않으면 안 되겠습니다.

cross = 동사 ⇔ across = 전치사
　　(go across a street ≒ cross a street)

like = 전치사 ⇔ alike = 형용사
　　(He looks like her. ≒ He and she are alike.)

Swiss = 형용사 ⇔ Switzerland = 명사
　　(a Swiss watch ≒ a watch made in Switzerland)

다음 우리말을 영작하시오.

(1) 그들은 서로가 하는 말에 귀를 기울이지 않았다.
(2) 자신의 아이들에게도 그런 말은 하지 않아야 한다.

[해답편 p.305]

Lesson 46 고빈도 표현대책!(6)
"숫자+단위"를 나타내는 명사

문제	▶ 이 다리의 폭은 10미터이다.
오답의 예	▶ The width of this bridge is ten meters.

이번「오답의 예」는 틀린 것은 아닙니다. 단지 조금 어색할 뿐이지요. 더 쉽게 고칠 수 있다는 겁니다.

이번에 배울 내용은「숫자+단위를 나타내는 명사」입니다.

예를 들어,「그는 스무 살이다.」라고 하면 He is twenty years old.이지요? 누구나 알고 있는 이 문장은 응용할 수 있는 범위가 아주 넓습니다.

다양하게 응용할 수 있는 어법

원래 이 문장은 He is old.라는 문장이 있고 그 "old"앞에 "twenty years"가 「그는 스무 살만큼의 나이다」와 같이 비집고 들어간 것이에요. 알겠어요? 무슨 말이냐면 "twenty"라는 숫자와 "years"라는 단위를 나타내는 명사는 한 묶음이 되어 "old"라는 형용사를 수식하는 부사의 역할을 하고 있는 것입니다.

이 부사구의 용법은 두 가지가 있습니다. 하나는 앞의 문제와 같은 문장을 영작할 때 쓴다는 겁니다. 「이 다리의 폭은...」이라고 되어있다고 해서「폭」이라는 명사를 주어로 하지 않더라도 "This bridge is wide." 「이 다리는 폭이 넓다.」라는 문장에, "wide"라는 형용사 앞에「10미터만큼이나」라는 부사구를 넣어주면 되는 것입니다.

| Answer | This bridge is ten meters wide.

직역하면 「이 다리는 10미터만큼 폭이 넓다.」가 되어 이상하지만 바른 영작입니다.
그리고 또 하나는 after나 before에 의한 부사구(절)을 수식하는 방법입니다.

- They got divorced three years after they got married.
  그들은 결혼한 3년 후에 이혼했다.

- He was born five months before the war ended.
  그는 전쟁이 끝나기 5개월 전에 태어났다.

숫자+단위의 명사 = **부사구**를 만든다
→ old, long, wide, high 등의 형용사를 수식
→ after/before에 의한 부사구(절)을 수식

그런데 「숫자+단위를 나타내는 명사」에는 또 한 가지 역할이 있습니다. 그것은 형용사구를 만들어서 명사를 수식하는 역할입니다.
예를 들어, 「2주일의 휴가」를 영어로 "a two week vacation"이라고 합니다. 「10달러짜리 지폐」는 "a ten dollar bill"입니다. 간단하고 편리하지요? 하지만 주의해야 할 점이 있습니다. 단위를 나타내는 명사는 절대 복수형으로 하지 않는다는 것입니다. 즉 "a ten dollars bill(×)"이라고는 하지 않는다는 것이지요.

숫자+단위의 명사 = **형용사구**를 만든다
단, 단위의 명사는 반드시 **단수형**!

다음 우리말을 영작하시오.

(1) 제2차 세계대전이 끝나고 3년 후에 그는 태어났다.
(2) 그는 400미터 경주에서 한국신기록을 만들었다.

[해답편 p.306]

Lesson 47 고빈도 표현대책!(7)
감정을 나타내는 문장의 올바른 용법

문제 ▶ 사건의 갑작스러운 해결에 모두가 놀랐다.

오답의 예 ▶ Everyone was surprised at the case being solved suddenly.

이번에는 감정을 나타내는 문장, 즉 「~해서 기뻤다」라든지 「~해서 놀랐다」, 「~해서 실망했다」와 같은 문장을 써봅시다.

세 가지 감정의 원인을 나타내는 방법

「기뻤다」라든지 「놀랐다」등의 감정을 나타내는 표현의 뒤에는 「~해서」라는 부분인 그 감정의 원인을 나타내는 부분이 따라옵니다.

이 감정의 원인은 일반적으로 세 가지로 표현할 수 있다는 것을 알아두도록 하세요. 다음 예를 봅시다.

① I was surprised at the news.
나는 그 소식에 놀랐다.

② I was surprised to hear that he got married.
나는 그가 결혼했다고 듣고 놀랐다.

③ I was surprised that he knew it.
나는 그가 그것을 알고 있었다는 데에 놀랐다.

①은 "at"이라는 전치사를 사용했습니다. 이 전치사는 "at"이나 "about", "for"등, 경우에 따라 여러 가지가 될 수 있지만, 예를 들어, 「놀랐다」라면 "be surprised at ~"의 숙어 형태로 외웠었지요? 그 전치사를 쓰는 방법입니다.

②는 to부정사를 사용해서「놀랐다」의 이유를 나타내고 있습니다.

③은 that절을 사용해서「놀랐다」의 이유를 나타내고 있습니다.

위의 세 문장은 모두 올바른 문장입니다. 무엇이 다른가요? 다른 것은 없습니다. 가장 쓰기 쉬운 것을 경우에 따라서 사용하면 되는 것입니다.

그런데, 이렇게 말하면 어떨지 모르지만 문법적인 지식만 머리에 가득 찬 사람들은 오히려 이 세 가지를 자유롭게 쓸 수가 없어서 대개는 예전에 배웠던 "be surprised at"이라는 숙어를 고집하는 경향이 있는 것 같습니다.

"at"은 전치사이므로 그 뒤에는 명사가 와야 합니다.「소식에 놀라다」라는 문장이면 "at the news"라고 하면 되니까 문제는 없지만 이번 문제와 같이「그 사건의 갑작스러운 해결에…」라는 식으로 되어 있으면 억지로 명사를 만들게 되는 것이지요.

"being solved suddenly"로「갑자기 해결되는 것」이라는 동명사를 만들고, 동명사의 주어는 ~ing의 앞에 붙이면 되겠구나라고 해서 "the case being solved suddenly"로「사건이 갑자기 해결되는 것」이라는 동명사를 만들어내는 것이지요.

그렇게 해서 완성된 것이 앞의 오답의 예입니다. 이 문장은 문법적으로는 바른 문장입니다. 하지만 아마도 시험에서 이렇게 써내면 크게 감점될 것입니다. 너무나 부자연스러운 문장이기 때문이지요.

to부정사나 that절을 쓰면 더 쉽게 쓸 수 있습니다.

- Everyone was surprised that the case was solved suddenly. (○)
- Everyone was surprised to hear that the case was solved suddenly. (○)

이 두 문장은 둘 다 합격점을 받을 수 있는 답안입니다. 하지만 엄밀히 말하면 아래쪽 문장이 더 좋습니다. 「모두」가 형사이고 그 현장에 있었다면 이야기는 달라지겠지요.

무슨 말이냐면 「모두가 놀랐다」는 그 직접적인 원인은 무엇입니까? 「사건이 갑자기 해결되었다」는 게 원인임에는 틀림이 없겠지만 (아마도) 현장에 있었던 게 아니므로 사건 해결의 순간에 놀라움을 느낄 수는 없었겠지요.

아마도 사건이 해결된 몇 시간 후에 누군가에게 들었거나 텔레비전에서 보거나 해서 일반사람들은 그때서야 놀랄 수 있는 겁니다. 그래서 「놀랐다」의 직접적인 원인은 「사건이 해결된 것을 안 것」입니다.

따라서 굳이 나타나지 않더라도 "to hear"나 "to learn"을 넣어주는 게 좋습니다.

정리해 둡시다.

> **Point**
>
> 기억!
>
> **감정을 나타내는 문장**
>
> → **전치사**를 사용한다!
> · be surprised at ~ 「~에 놀라다」
> · be glad at ~ 「~에 기뻐하다」
> · be sorry for~ 「~을 안타깝게 생각하다」
> · be disappointed about ~ 「~에 실망하다」 등
>
> → **to부정사**를 사용한다!
> be surprised 등에 이어
> · to learn that S + V 「~을 알고」
> · to hear that S + V 「~을 듣고」
> · to see O + C 「~을 보고」 등
>
> → **that절**을 사용한다!
> be surprised that 등

그렇다면 앞의 문제의 정답은 다음과 같이 됩니다.

| **A**nswer | Everyone was surprised to hear[to learn] that the case was solved suddenly.

 다음 우리말을 영작하시오.

(1) 그가 시험에 떨어져서 모두 실망했다.
(2) 북경을 방문하는 관광객들은 택시가 더욱 더 늘어난 데에 놀란다.

[해답편 p.306]

Lesson 48 고빈도 표현대책!(8)
「~하면서」의 표현법

문제	▶ 그는 방에서 공부하면서 잠들어 버렸다.
오답의 예	▶ He fell asleep studying in his room.

고빈도 표현의 마지막회에서는 「~하면서」를 어떻게 영작하는지 그 방법을 공부해 봅시다. 「~하면서」는 분사구문을 사용해서 영작하는 사람이 많은데요, 일반적으로 분사구문은 작문에서는 그다지 이점이 없다고 할 수 있습니다.

주의!

접속사 because를 쓴다

예를 들어, 「근처에 살기 때문에 그는 가끔 놀러온다.」를 영작할 때,

- Living near, he often comes to see us.

와 같이 분사구문을 사용하려고 하면 사용 못 할 건 없지만 굳이 분사구문을 사용하지 않더라도,

- Because he lives near, he often comes to see us.

이렇게 "because"라는 접속사를 사용하면 충분히 뜻을 나타낼 수 있기 때문에 분사구문이어야 하는 이유는 없습니다.

접속사 while을 쓴다

문법시간에 배웠을 테지만 분사구문은 원래 접속사를 생략해서 두 문장을 연결하는 방법입니다. 따라서 분사구문을 사용하지 않더라도 접속사를 사용해서 같은 뜻을 나타낼 수가 있는 것입니다.

「~하면서」라는 표현도 예외가 아닙니다. 분사구문을 사용하지 않더라도 "while"「~하는 동안에」라는 접속사가 있기 때문에 이것을 사용하면 되는 것이지요.

| Answer | ① He fell asleep while (he was) studying in his room.

접속사 뒤의 S+be동사는 생략이 가능하기 때문에 정답①의 "he was"의 부분은 있어도 되고 없어도 됩니다.

굳이 분사구문을 사용하고 싶다면

그래도 역시 「~하면서」를 보면 분사구문으로 영작하고 싶다는 학생도 있겠지요? 뭐 그래도 상관은 없습니다. 하지만 「~하면서」라는 뜻으로 분사구문을 사용할 때 조심해야 할 점이 있습니다.

「~하면서」라는 표현은 상당히 애매한 것입니다. 반드시 두 가지 행위를 동시에 했음을 나타내지 않을 수도 있습니다.

예를 들어, 「역에서 그녀를 기다리면서 그는 잡지를 읽었다.」라는 문장을 생각해 봅시다. 「하면서」라고는 하지만 정말로 「기다리다」라는 행위와 「읽다」라는 행위가 완전히 동시에 이루어지는 걸까요? 학생이 여자친구와 홍대 앞에서 만나기로 했다고 합시다. 학생이 먼저 홍대 앞에 왔어요. 여자친구가 왔나 두리번거렸는데 아직 안 왔어요. 어쩔 수 없이 아까 샀던 잡지를 가방에서 꺼내다 읽습니다. 만나기로 했던 홍대 앞에 도착한 순간 두리번거리지도 않고 잡지를 읽기 시작하는 사람이 있을까요?

주의!

먼저 「기다리기 시작하다」고 그 뒤에 「읽기 시작하다」가 되겠지요? 분사구문에서는 이 순서를 꼭 지켜야 합니다.

- Waiting for her at the station, he read a magazine. (○)

이렇게 쓰면 이 문장을 읽는 사람은 「기다리다」라는 단어를 먼저 보고나서 「읽다」라는 단어를 보게 됩니다. 실제로 학생이 했던 행동과 순서가 같아지지요. 그래서 좋은 문장이 됩니다. 그런데,

- He read a magazine waiting for her. (×)

분사구문이 뒤로 갔지요. 이렇게 하면 「읽다」가 먼저 와버리고 「기다리다」가 뒤에 왔습니다. 이렇게 하면 너무 이상해져요. 잡지를 읽으면서 홍대 앞에 나타난 것 같단 말이에요.
이번에는 이렇게 해보겠습니다.

- He waited for her reading a magazine. (○)

이번에는 어떻습니까? 앞의 두 문장은 「그녀를 기다리면서 잡지를 읽었다.」였습니다. 이번 문장은 「잡지를 읽으면서 그녀를 기다렸다.」입니다. 뜻이 같지요? 게다가 이 문장은 「기다리다」가 먼저고 「읽다」가 뒤에 왔습니다. 그래서 이 문장도 좋은 문장이라 할 수 있습니다.

알겠습니까? 모두 비슷한 문장이지만 첫 번째와 세 번째 문장은 좋아도 두 번째 문장은 좋지 않습니다. 좀 복잡한가요? 분사구문을 완전히 익히게 되면 별 것 아닌 문제인데, 아무튼 분사구문은 함부로 쓸 게 못 된다는 것을 알겠지요?

그럼 앞의 문제로 돌아갑시다. 이 문장에서도 공부하기 시작하고나서 졸리기

시작한 것이겠지요? 그렇다면 같은 분사구문을 쓰더라도 다음과 같이 쓰면 될 것입니다.

| Answer | ② Studying in his room, he fell asleep.

오답의 예와 같은 문장에서는 그 순서가 거꾸로 뒤바뀌어있는 것처럼 느껴져서, 자면서 공부하는 듯한 착각을 가지게 합니다.

「~하면서」
→ while을 쓴다
→ (분사구문을 쓰는 경우)
   시간의 명백한 "선 ↔ 후"관계가 있을 때는 그 **순서대로** 쓴다.

 다음 우리말을 영작하시오.

(1) 그 당시의 사진을 한 장 한 장 다시 보면서 다시 한 번 그 사람들을 만나고 그 풍경을 보고 싶어졌다.

(2) 역으로 걸어가면서 그는 집에 교과서를 놔두고 왔음을 알았다.

[해답편 p.307]

제12회 더 나은 영작을 위하여

Lesson 49 더 나은 영작을 위하여(1)
영어특유의 표현을 익힌다

문제	▶ 그는 집까지 차로 바래다준다고 말했지만 나는 그 제의를 정중히 사양하고 역까지 천천히 걸어갔다.
오답의 예	▶ He said, "Can I take you to your home by car?", but I refused his offer politely and I went to the station on foot slowly.

오랫동안 영작 연습을 해왔는데요, 마지막 2개의 Lesson에서는 제목에서 보다시피 「보다 나은 영작을 위하여」 몇 가지 힌트를 정리해 봤습니다.

가능한 한 동사로 표현한다

위의 오답의 예에서 어디가 좋지 않은지 찾을 수 있습니까? 별로 나쁜 데는 없는 것 같지요? 그래요, 문법적으로 틀린 곳은 없습니다. 하지만 직역한 것 같은 어색한 영작으로, 원어민이 본다면 빨간 펜으로 수없이 고쳤을 것 같은 그런 문장입니다.

그럼 직역 같아서 어색한 부분이 어디일까요? 여러분에게 묻겠습니다. 「그는 힐끔 나를 보았다」를 영작하면 어떻게 될까요?

 He looked at me...음..「힐끔」을..

그래요. 전형적인 우리말을 그대로 표현했어요. 「보다」가 "look at ~" 인데 「힐끔」은 뭐라고 하면 될까요?

결론부터 말하자면 영어에 「힐끔」이라는 표현은 없습니다. 우리말은 부사의 표현이 풍부한 말입니다. 「힐끔 보다」라든지 「유심히 보다」와 같이 「보다」라는 동사는 바꾸지 않고 같은 동사에 「힐끔」이나 「유심히」와 같은 수식어를 붙여서 여러 가지 뉘앙스를 표현하는 것이지요.

하지만 영어는 (실은 영어뿐만 아니라 유럽의 언어는 모두 그렇지만) 동사가 상당히 풍부합니다. 동사의 수를 세면 우리말보다 훨씬 많을 겁니다. 영어로 「보다」는 "look at~"이지만 「힐끔 보다」는 "glance at~", 「유심히 보다」는 "stare at~"이라는 전혀 다른 동사가 있답니다.

따라서 「그는 나를 힐끔 보았다.」는 다음과 같습니다.

- He glanced at me.

단어장으로 단어를 외우려고 할 때 "glance at"「힐끔 보다」나 "stare at" 「유심히 보다」와 같이 비슷한 단어들이 많다 싶어 질린 경험이 있지 않나요? 「뜻이 모두 비슷한데 일일이 안 외워도 되겠지!」 생각하면서 말이에요.

그러다 선생님이 영작문 수업에서 「이럴 때는 "glance at"을 쓰는 거야!」라고 말해주면 그런 단어 몰랐어요! 하고 시치미 떼려고.

동사는 그대로 두고 「힐끔」이라든지 「유심히」와 같은 부사를 붙이기만 하면 여러 뉘앙스를 표현할 수 있는 우리말은 편리해서, 동사 자체를 여러 가지로 바꿔줘야 하는 영어가 번거로울 수도 있습니다. 하지만 영어는 원래가 그런 말이니 어쩔 수 없겠지요.

동사의 풍요로운 표현을 익히자

그래서 영어는 가능한 한 부사를 사용하지 말고 동사로 표현한다! 이 점을 염두에 두고 공부를 했으면 좋겠습니다. 그리고 그렇게 되기 위해서는 평소에 공부할 때 「모두 비슷비슷한 말이잖아!」하지 말고 세밀한 뉘앙스까지 포함해서 비슷한 단어를 조금이라도 많이 익힐 필요가 있습니다.

자, 그럼 앞의 문제를 봐주세요.

「버스로 가다」는 뭐라고 하나요? "go by bus"지요. 「걸어가다」는 "go on foot". 그럼 「뛰어가다」는?

당황한 학생 있지요? 우리말은 「가다」에 「버스로」라든지 「걸어」 「뛰어」같은 말만 붙여서 표현을 변화시킬 수가 있지만 아까 이야기한대로 영어는 그런 식이 아닙니다.

「차로 역으로 가다」는 "drive to the station", 「걸어가다」는 "walk to the station", 「뛰어가다」는 "run to the station", 「급히 가다」는 "hurry to the station"입니다. 「헤엄치며 가다」는 "swim to the station"이겠지요.

방금 이야기한대로 동사만을 바꾸는 것이지요. 그래서 앞의 문제, 「역까지 천천히 걸어가다」로 돌아가면 우선 "go to the station on foot slowly"는 안될 말입니다. 적어도 "walk to the station slowly"정도는 되어야지요.

게다가 「천천히 걸어가다」라고 하더라도 무슨 한국무용하듯이 아주 천천히 걸어가는 것은 아니겠지요? 그렇게 서두르지 않고 길가의 가게도 구경하면서 천천히 간다는 그런 뜻이겠지요. 그럴 때는 "stroll"「한가롭게 거닐다」라는 단어가 있습니다. 그래서 가장 좋은 것은 "stroll to station"이라고 하는 겁니다. 부사는 일체 붙이지 않습니다.

「정중히 거절하다」도 마찬가지입니다. 「거절하다」는 "refuse"나 "decline"을 쓰지만 "refuse"는 「단호히 거절하다」의 뜻입니다. 역으로 "decline"은 「정중히 거절하다」라는 뜻입니다.

따라서 오답의 예에 있었던 "refuse his offer politely"라면 모순이 될 수 있지요. 「정중하게 그의 제의를 단호히 거절하다」라고 한다면 이상하지요? 따라서 "decline his offer"하면 됩니다. 부사는 필요 없습니다.

「~을 바래다주다」는 "see+사람+to+장소"입니다. 「문까지 바래다주다」는 "see him to the door"이고, 「집까지 배웅하다」는 "see him home"이 됩니다(home은 부사니까, to는 필요 없습니다). 그런데 "see"를 "drive"로 바꾸면 「사람을 차로 바래다주다」라는 뜻이 되는 것입니다. 따라서 「나를 집까지 차로 바래다주다」는 "drive me home"이라고 하면 되는 것입니다.

이렇게 세 가지 표현에 대해 배워봤는데요, 이번에는 지금까지의 이야기를 포인트로 정리하지는 않을 거예요. 왜냐하면 방금 배운 것만을 그냥 외우기만 하는 것은 아무 의미가 없기 때문입니다. 비슷한 예는 얼마든지 있습니다. 여러분들이 평소 공부하면서 조금씩 익혀가는 수밖에 없답니다.

직접화법은 피하자

주의! 한 가지 더 주의해야 할 점을 이야기할게요. 그것은 바로 직접화법은 피하자! 라는 것입니다. 예를 들면 「그는 배고프다고 말했다.」라는 문장을,

- He said, "I'm hungry."

라고 말하는 것은 특히 원어민들은 싫어합니다. 유치하다고 느끼거나 혹은 대통령같은, 한 마디도 소홀히 할 수 없는 사람의 말을 인용하는 듯한 느낌이 들기 때문입니다.

- He said that he was hungry.

와 같이 간접화법을 사용해야 합니다. 이번 문제도, "offer+사람+to부정사" 「(사람)에게 ~할 것을 제의하다」라는 동사를 쓰면 직접화법을 사용하지 않고 표

현할 수 있겠지요.

| **A**nswer | He offered me to drive me home, but I declined it and strolled to the station.

 다음 우리말을 영작하시오.

(1) 중요한 이야기가 있어서 내게 온다고 말했었는데 그는 오지 않았다.
(2) 여름방학에 내가 영국으로 돌아갈 때 한국의 친구들은 공항에 굳이 나를 배웅하러 오기를 고집했다.

[해답편 p.307]

Lesson 50 더 나은 영작을 위하여(2)
부사(구)는 올바른 위치로

문제	▶ 그는 편지에서 내가 그에게 보낸 책을 즐겁게 읽었다고 말했다.
오답의 예	▶ He said that he enjoyed the book which I had sent him very much in his letter.

부사(구)의 위치의 원칙과 예외

이번에도 위의 오답의 예는 틀린 건 아닙니다. 하지만 너무나 읽기 힘든 문장입니다. 어색한 부분은 부사의 위치입니다.

제6회 「부사의 올바른 용법」에서 부사의 기본은 배웠었습니다. 그때 동사를 수식하는 부사는 문장 맨 뒤에 둔다고 했었지요? 이번에는 그 응용편입니다.

- He gets up early.
  그는 아침 일찍 일어난다.

를 보면 알 수 있습니다. 부사구도 마찬가지입니다.

- He eats lunch in the kitchen.
  그는 부엌에서 점심을 먹는다.

"early"도 "in the kitchen"도 문장의 맨 뒤에 옵니다. 이것이 대원칙이기는 하지만 어디까지나 원칙입니다. 즉 예외가 있다는 겁니다. 기억할 것은 부사는 자기보다 앞에 있는 동사를 수식한다는 것입니다. 「그녀는 전철 안에서 사랑한다고 말했다.」라는 문장을 영작하면,

- She said that loved me in the train. (×)

이라고 하면 원칙을 충실히 따른 것이기는 하지만 "in the train"이라는 부사구 앞에 "said"라는 동사와 "loved"라는 동사 두 개가 있게 됩니다.

그렇게 되면 「전찰 안에서」라는 부분은 「말했다」를 수식하는 것으로도 「사랑한다」를 수식하는 것으로도 볼 수 있습니다. 「전철 안에서는 당신을 사랑해! … 하지만 전철을 내린 후의 당신은 촌스러워서 싫어!」라는 뜻이 될 수도 있다는 것이지요.

그런 일을 방지하기 위해서는 "in the train"의 앞에 있는 동사를 "said"만으로 정리해 버리는 것입니다. 구체적으로 말하면 "said"의 바로 뒤, 즉 목적어인 that절보다 앞에 집어넣는 겁니다.

- She said in the train that she loved me. (○)

이렇게 해버리면 훨씬 읽기 쉬운 문장이 됩니다.

또 한 가지 생각해 봅시다. 「그녀는 파리에서 찍은 그 사진을 대단히 마음에 들어했다.」

- She liked the picture taken in Paris very much. (×)

이것도 마찬가지겠지요? "very much"가 "liked"를 수식하는지 "taken"을 수식하는지 애매합니다. 「대단히 파리에서 찍은 사진」이 뭐야!? 이런 생각이 들겠지요. 그러니 이것도 위치를 옮깁시다.

- She very much liked the picture taken in Paris. (○)

"very much"나 "really"와 같은 정도를 강조하는 부사는 앞에서 이야기했던 것과는 달리 수식하는 동사 바로 앞에 넣어주는 것이 보통입니다.

부사 → 수식하는 동사의 바로 뒤에 넣는다.
(단, very much, really 등은 동사의 바로 앞)

그럼 앞의 문제로 돌아갑시다. 동사는 모두 합쳐서 "said"와 "enjoyed"와 "sent" 세 개가 있습니다. 그에 비해 부사(구)는 "very much"와 "in his letter" 두 개가 있습니다. 어떤 부사(구)가 어느 동사를 수식하고 있는지 알기가 어렵다는 것이 이 문장의 좋지 않은 점입니다.

그렇다면 포인트에서 정리한 대로 각각의 부사(구)를 바른 위치로 옮겨주세요.

| Answer | He said in his letter that he very much enjoyed the book which I had sent him.

어떠세요? 훨씬 읽기 쉬운 문장이 된 것 같지 않습니까?

배운 내용을 이해했다면 읽기 쉽게 제 위치에 부사(구)를 넣도록 유의하면서 다음 문제를 영작해 보세요.

 다음 우리말을 영작하시오.
(1) 그는 자신이 사실은 무슨 생각을 하고 있는지 남에게 밝히는 게 아니라는 걸 경험으로 알고 있었다.
(2) 명작의 영화화는 실패로 끝나는 경우도 적지 않으나 그것은 어떤 의미에서는 문학의 승리라 말할 수도 있다. 왜냐하면 문학은 눈에 보이지 않은 것과 카메라에는 비치지 않은 것을 상상 속에서 만들어내기 때문이다. [굵은 글자만 영작]

[해답편 p.308]

PART 2

이걸 영어로
뭐라고 할까?

이것만 알면 다 된다!
영작문에서 틀리기 쉬운
단어 · 어법의 지식

63선

PART 2 항목 일람

01	봐주다 191	33	어울리다 214
02	최근 191	34	근처(의) 214
03	타다 192	35	이기다 215
04	쓰다(이용하다) 192	36	빌려주다·빌리다 216
05	쉬다 193	37	조사하다 216
06	한밤중 194	38	닮다 217
07	잊다 194	39	의심하다 218
08	그만두다 195	40	빨리 218
09	일 196	41	보다·보이다 219
10	쉬는 날 196	42	듣다·들리다 220
11	지키다 197	43	예약 221
12	습관 198	44	그늘 221
13	눈뜨다 198	45	알고 있다 222
14	놀다 199	46	가격·대금 222
15	취미 200	47	신경쓰다 223
16	고장나있다 201	48	손님 224
17	고장내다 202	49	취하다 224
18	자랑하다 203	50	보통의 225
19	가르치다 204	51	기대하다 225
20	움직이다·움직이게 하다 ... 204	52	회사 226
21	길 205	53	마지막으로 227
22	마시다 206	54	일어나다 227
23	부끄러워하다 207	55	없애다 228
24	쓰다 208	56	고치다 229
25	넓다 208	57	발가벗은 230
26	싸우다 209	58	알다 231
27	약 209	59	하마터면 ~ 232
28	이웃 210	60	재미있다 233
29	처음(으로) 211	61	발달(하다) 233
30	방법 211	62	만나다 234
31	(~으로, ~하러) 가다 212	63	곤란하게 하다 235
32	나오다, 나가다 213		

01 봐주다

excuse나 forgive는 「지각을 봐주다」와 같이 이미 해버린 나쁜 일을 용서한다는 뜻이며 그에 대해 permit이나 allow는 「혼자 외출하는 것을 봐주다」와 같이 앞으로 무슨 일을 하는 것을 허락한다는 뜻이다.

용서하다	⋯	excuse[forgive] + 사람 + for ... ing
허가하다	⋯	permit[allow] + 사람 + to 동사원형

- He didn't forgive me for being late.
  그는 내가 지각한 것을 봐주지 않았다.

- His father didn't allow him to go out alone.
  그의 아버지는 그가 혼자서 외출하는 것을 허락하지 않았다.

02 최근

these days나 nowadays는 「최근 몸이 나쁘다」라고 할 때와 같이 오늘을 포함한 요즘 단기간이라는 뜻이며 현재형 혹은 현재완료형과 함께 쓴다. 그에 대해 「최근 그녀를 만났어.」의 「최근」은 며칠 전이라는 뜻으로 영어로는 lately나 recently를 쓰며 과거형과 함께 쓴다.

요즘 단기간	⋯	these days/nowadays
며칠 전	⋯	lately/recently

- These days a lot of young women smoke.
  최근 많은 젊은 여성들이 흡연을 한다.

- Recently I heard from him.
  최근에 나는 그로부터 소식을 들었다.

03 타다

get on은 「전철을 탈 때, 전동차와 홈의 사이가 넓으니 주의하라.」할 때의 「타다」이며 홈에서 전철을 타러 들어가다라는 뜻이다. 「서울역에서 청량리역까지 전철을 타다.」는 전철을 이용하다라는 뜻으로 use나 take를 사용한다.

| 타러 들어가다 | ⋯ | get on~/get into |
| 이용하다 | ⋯ | take/use |

- When I was getting on the train, someone bumped into me.
  내가 기차를 타려고 했을 때 누군가가 내게 부딪혔다.

- It is convenient to take the train to go to Busan.
  부산에 가려면 기차를 타는 것이 편리하다.

04 쓰다(사용하다)

use는 「PC를 쓰다」의 「쓰다」이며 효과적으로 활용하다라는 뜻이다. 「경마에 돈을 너무 많이 쓴다.」할 때의 「쓰다」는 낭비하다라는 뜻으로 spend나 waste이다.

유익하게 활용하다	⋯	use
낭비하다	⋯	spend[waste] ~ on + 사물
		spend[waste] + 시간 + (in) ~ing

- Use your dictionary whenever you read English.
  영어를 읽을 때는 언제나 사전을 써라.

- He spends too much money on horse races.
  그는 경마에 너무 많이 돈을 쓴다.

05 쉬다

「피곤하니까 잠깐 쉬자.」할 때의 「쉬다」는 휴식하다는 뜻으로 take a rest를 쓴다. 「이 친구 오늘 쉬나 봐.」할 때의 「쉬다」는 오늘 없다는 뜻으로 be absent 이다. 「오늘 학교 쉬고 싶어.」의 「쉬다」는 학교에 갑자기 안 가게 되다라는 뜻으로, don't go to나 stay away from이다. 「1주일 회사 쉬고 유럽여행 간다.」의 「쉬다」는 계획적으로 휴가를 가다라는 뜻으로 "take + 일수 + off"가 된다.

휴식하다	⋯	take a rest
없다(부재)	⋯	be absent
갑자기 안 가다	⋯	don't go to ~/stay away from ~
휴가를 가다	⋯	take (a day) off(a day의 위치에 일수를 넣는다.)

- After working hard, we took a rest for a while.
  열심히 일한 후에 우리는 잠시 휴식을 취했다.

- He is absent today; he seems to be ill.
  그는 오늘 결석이다. 그는 아픈 것 같다.

- Today I feel ill and I don't want to go to school.
  오늘은 아파서 학교를 쉬고 싶다.
- He took a week off and went to Europe.
  그는 1주일 휴가를 얻어 유럽으로 갔다.

06 한밤중

「그는 한밤중에 돌아왔다.」할 때의 「한밤중」은 반드시 오전12시를 의미하지는 않는다. 「밤늦게」라는 뜻의 한밤중은 at midnight이라 하면 안 된다. at midnight은 밤 12시를 의미한다. 「밤늦게」는 late at night이나 in the middle of the night이 된다.

| 밤 12시에 | ⋯ | at midnight |
| 밤늦게 | ⋯ | late at night/in the middle of the night |

- I heard someone in the street cry in the middle of the night.
  한밤중에 나는 누군가 거리에서 소리치는 것을 들었다.
- We set off just at midnight.
  우리는 밤 12시 정각에 출발했다.

07 잊다

「추억이나 약속을 망각하다, 깜빡하다」의 뜻인 「잊다」는 forget이며, 참고로 「깜빡하고 물건을 두고 오다」라고 할 때는 leave 또는 leave ... behind이다. (단, 「집에 두고 가다」라고 할 때는 forget도 쓸 수 있다.)

망각 · 깜빡하다	…	forget
물건을 두고 오다	…	leave/leave behind

- He got angry because I forgot the appointment.
  그는 내가 약속을 잊어버렸기 때문에 화를 냈다.

- I left my umbrella (behind) in the train.
  나는 내 우산을 기차에 두고 왔다.

 그만두다

「정년퇴직하다」가 retire from ….이며, 중도퇴직하는 것은 quit이나 leave이다. 단, leave는 원래 「떠나다」의 뜻이므로 목적어는 「회사」가 된다. quit은 본래 stop 등과 마찬가지로 「중지하다」라는 뜻이므로 목적어에는 「일」이 온다.

은퇴하다	…	retire from one's job
중도퇴직하다	…	leave one's company/quit one's job

- He retired from his company at the age of 60.
  그는 60세에 회사를 은퇴하였다.

- Suddenly he left his company and set off for India.
  갑자기 그는 회사를 그만두고 인도로 떠났다.

- A lot of young women quit their job when they get married.
  많은 젊은 여성들이 결혼하면 일을 그만둔다.

09 일

job은 고용되어 임금을 받고 하는 직업이다. business는 자신이 사장이 되어 경영하는 직업을 말한다. work는 「이 보고서를 완성하다」라든지 「거래처와 협상하다」와 같은 하나 하나의 업무를 말한다.

임금을 받는 직업	…	job
경영하는 직업	…	business
업무	…	work

- He had trouble finding a job.
  그는 직업을 찾는 데 고생했다.

- How much money is needed to start a business?
  사업하려면 돈이 얼마나 필요할까요?

- I have to go to the dentist after finishing today's work.
  오늘 일을 마치고나면 나는 치과에 가야 한다.

* work가 「업무」라는 의미에서는 불가산명사임에 주의. 가산명사가 되면 「작품」이라는 뜻이다.

10 쉬는 날

holiday는 「휴일」이다. 예를 들어, 10월 3일은 a national holiday 「국경일」이다. 즉, 하루 쉬는 날을 뜻한다. 이에 대해 vacation은 「휴가」이다. 즉, holidays = vacation이라 생각하면 된다.

| 휴일 | ⋯ | holiday |
| 휴가 | ⋯ | vacation |

- I'm seeing him on my next holiday.
  나는 다음 휴일에 그를 만날 것이다.

- He went to Italy on summer vacation.
  그는 여름 휴가 때 이탈리아로 갔다.

* 「휴가에」라고 할 때는 전치사 on을 쓴다는 것도 함께 기억해두자.

 지키다

「나라 혹은 자연을 지키다」라고 할 때의 「지키다」는 protect나 defend를 쓴다. 「법을 준수하다」라고 할 때의 「지키다」는 observe나 follow이다.

| 방위하다 | ⋯ | protect/defend |
| 준수하다 | ⋯ | observe/follow |

- You are supposed to protect your own country from the enemy.
  당신은 적으로부터 당신의 나라를 지킬 의무가 있다.

- You are supposed to observe the law.
  당신은 법을 지킬 의무가 있다.

* 「법을 어기다」는 break 또는 ignore the law라고 한다.

12 습관

「개인적인 버릇」이라는 의미의 습관, 예를 들어 「손톱을 물어뜯는 버릇」은 habit이다. 이에 대해 민족이나 많은 사람들에게 공통된 행동, 예를 들어 한국인의 절은 custom이 된다.

| 개인의 버릇 | … | habit |
| 민족의 관례 | … | custom |

- He has got into the habit of smoking.
  그는 담배를 피우는 습관이 생겼다.

- Bowing is a custom of Korean people.
  절은 한국인의 관습이다.

* be in the habit of ...ing 「~하는 습관이 있다」
* get into the habit of ...ing 혹은 form a habit of ...ing
  「~하는 습관이 생기다」
* break the habit of ...ing 「~하는 습관을 버리다」
  라는 형태로 외워두면 편리하다.

13 눈을 뜨다

「자연히 눈을 뜨다」일 때는 wake up이나 wake, awake가 있다. 「의도적으로 (예를 들어 자명종 시계를 울려서) 눈을 뜨고 (다시 자버리는 일 없이) 몸을 일으켜서 하루의 행동을 개시하다」라는 것은 get up이다.

눈뜨다	…	wake/wake up/awake
일어나다	…	get up

- I woke in the middle of the night because the telephone rang.
  나는 전화기가 울려서 한밤중에 눈을 떴다.

- I have to get up at six tomorrow morning so as not to be late for school.
  나는 학교에 지각하지 않도록 내일 아침 6시에 일어나야 한다.

* wake는 wake-woke-woken, awake도 awake-awoke-awoken으로 불규칙한 동사변화이다.

놀다

play를 쓰는 경우는 어린이들의 놀이(소꿉놀이 등), 어른의 경우는 체스와 같이 승패가 갈라지는 놀이에 한정된다. 「젊은이들이 밤에 놀러나간다」「나쁜 친구와 논다」라고 할 때처럼 「어울리다」라는 뜻일 때의 「놀다」는 go around (with+사람)이다. 「놀지만 말고 공부해라.」 등과 같이 「게으름을 피우다」라는 의미로는 spend[waste] one's time이다. 「삼촌댁에 놀러간다」와 같이 「방문하다」라는 뜻일 때는 come to see/go to see/visit이 된다.

어린이의 놀이·승패를 겨루는 놀이	…	play
어울리다	…	go around (with+사람)
시간을 보내다(낭비하다)	…	spend[waste] one's time
방문하다	…	go to see/come to see/visit

- Children should play a lot.
  어린이들은 많이 놀아야 한다.

- His father scolded him for always going around with his friends at night.
  그의 아버지는 그가 항상 밤에 그의 친구들과 놀러 다녀서 그를 야단쳤다.

- He regretted having wasted his time during the last summer vacation.
  그는 작년 여름방학 동안 시간을 낭비한 것을 후회했다.

- I went to see my uncle last Sunday.
  나는 지난 일요일에 삼촌댁에 놀러갔다.

* play를 과용하지 않도록 한다.

15 취미

　　hobby는 능동적이며 「진품명품」에 나올 정도의 본격적인 취미에만 해당한다. 따라서 단순한 독서나 음악감상을 hobby라 하는 것은 상당히 어색하다. 이런 것은 명사로 말하면 interest「흥미」이고 동사구의 형태로 be interested in ...이나 like to 동사원형 ... 「~하는 것에 흥미가 있다」, 「~하는 것을 좋아하다」라고 나타내야 한다. 그리고 「취미가 고상하다」나 「악취미」라고 말할 때의 「기호」라는 뜻의 「취미」는 taste가 된다.

| 취미 | ⋯ | (hobby)/interest/be interested in/like to 동사원형 |
| 기호 | ⋯ | taste |

- I like to read books. / I am interested in reading books.
  내 취미는 독서입니다.

- She has good taste in music.
  그녀는 음악에 고상한 취미를 갖고 있다.

* hobby를 너무 많이 사용하는 경향이 있으므로 피한다.

16 고장나있다

be out of order는 엘리베이터나 전철표의 무인판매기 등 대형 공공기계의 고장에만 쓰인다. 「고장」이라는 표시를 하고 사람들에게 알릴 필요가 있는 기계에 쓴다고 생각하면 된다. 개인의 시계나 PC는 something is wrong with ~ 「~에 관해 무엇인가가 이상하다」를 쓴다. 또는 don't work 「작동되지 않다」를 써도 된다(「20번 움직이다 · 움직이게 하다」의 항목 참조 p.204).

| 대형 공공기계 | … | be out of order |
| 개인의 기계 | … | something is wrong with ~ /don't work |

- This elevator is now out of order.
  이 엘리베이터는 지금 고장이다.

- Something is wrong with my PC.
  내 PC는 고장이다.

* 모두 「고장났다」는 상태를 나타낸다. 「고장나다」라는 동작은 잘 맞는 표현을 영어에서 찾기가 어렵다. 예를 들어 「어제 PC가 고장났다.」고 할 때는 Something has been wrong with my PC since yesterday. 「어제부

터 PC가 고장났다.」라고 현재완료형으로 나타내는 것이 좋다.

고장내다

break는 「산산조각을 내다」라는 뜻이다. 보기에는 아무렇지도 않지만 「정상적으로 작동하지 않다」는 damage이다. 자연재해로 거리나 건물을 「파괴하다」는 destroy이며, 건설회사가 「계획적으로 건물을 파괴하다」는 pull ... down이나 tear ... down이다. 이상과 같이 물리적으로 파괴하는 데 대해 새로 지어진 건물이 경관을 「해치다」는 spoil이나 ruin이 된다. 「몸상태가 안 좋아지다」는 ruin one's health로 한다.

작은 것을 산산조각 내다	⋯	break
기능이 망가지다	⋯	damage
갑자기 건물 등을 무너뜨리다	⋯	destroy
건물을 계획적으로 철거하다	⋯	pull ... down/tear ... down
망치다	⋯	spoil/ruin

- He broke his favorite vase.
  그는 그가 가장 좋아하는 꽃병을 깨뜨렸다.

- He dropped his watch on the floor and damaged it.
  그는 바닥에 시계를 떨어뜨리고 파손시켰다.

- The typhoon destroyed the entire city.
  그 태풍이 도시 전체를 파괴했다.

- I was sad to see our old school building pulled down.
  우리의 낡은 학교 건물이 무너져있는 것을 보고 슬펐다.

- The new building spoiled the beauty of the scenery.
  새로 세워진 건물이 아름다운 경치를 망쳤다.

* tear ... down에서 tear는 「눈물」이라는 단어와 철자가 같지만 다른 단어이며, 발음문제에도 자주 출제된다. [tɛər]라고 발음한다. spoil이 자주 쓰이는 것은 spoil a child라는 형태로 이 경우에는 「어리광을 들어줘서 아이를 망치다」라는 뜻이다.

18 자랑하다

「정당한 일에 대해 마음속에서 자랑스럽게 생각하다」라는 뜻이 be proud of/be proud that절이다. 「떠벌리며 자랑하듯이 뽐내다」는 boast of/boast that절이다.

| 자랑스럽게 생각하다 | ⋯ | be proud of/that절 |
| 자랑하듯이 뽐내다 | ⋯ | boast of/that절 |

- They are proud of the long history of their city.
  그들은 그들 도시의 오랜 역사를 자랑스럽게 생각한다.

- He always boasts that nobody can beat him in tennis.
  그는 테니스로는 아무도 그를 이길 수 없다고 자랑한다.

* boast는 동사이며 proud는 형용사이므로 be를 빠뜨리지 않도록 한다.

19 가르치다

길을 가르쳐준다든지 전화번호를 가르쳐준다든지 「한 마디로 끝나는 정보를 단순히 전달하다」라는 뜻은 tell이다. show를 쓸 때도 있지만 show는 실제로 지도를 그려주며 길을 가르쳐주거나 실제로 컴퓨터를 켜서 작동법을 가르쳐준다든지 「구체적으로 눈에 보이게 전달하다」는 뜻이다. 이에 대해 학문이나 운전하는 법 등 시간이 걸리는 기술을 가르쳐주는 것이 teach이다.

> 정보를 말로 짧게 전달 … tell
> 정보를 눈에 보이게 전달 … show
> 시간이 걸리는 일을 충분히 가르치다 … teach

- He showed me the way to the station by drawing a map.
  그는 지도를 그리며 내게 역까지의 길을 가르쳐주었다.

- Would you tell me your telephone number?
  당신의 전화번호를 가르쳐 주시겠습니까?

- He taught me how to drive.
  그는 내게 운전하는 법을 가르쳐 주었다.

20 움직이다 · 움직이게 하다

장소를 이동하는 것은 move이다. 자동사로 「움직이다」라고 하는 경우에도, 타동사로 「움직이게 하다」에도 쓸 수 있다. 이에 대해 「기계가 움직이다」와 같이 「작동하다」라는 자동사는 work이며, 「기계를 움직이게 하다」와 같이 「조작하다」라는 뜻인 타동사는 operate 또는 더 단순하게 use를 쓰면 된다.

> 이동하다 · 이동시키다 ··· move
> 작동하다 ··· work
> 조작하다 ··· use/operate

- **Move** the chair there.
  의자를 저기로 옮겨라.

- This machine **doesn't work**.
  이 기계는 작동하지 않는다.

- I **can't operate**[**use**] this machine.
  나는 이 기계를 조작할 수 없다.

* 「04 쓰다(사용하다)」의 항목과 「16 고장나있다」의 항목을 참조할 것(➡ p.192, 201).

21 길

way는 「가는 길」이다. 예를 들어, 여기서 역으로 가는 데 똑바로만 가라는 법은 없다. 먼저 240번 국도로 들어가서 세 번째 신호로 좌회전해서 다른 길로 들어서, 이런 식으로 몇 개의 길을 따라가면서 역에 도착한다. 그렇게 거쳐가는 길이 way이다. 그래서 「역으로 가는 길」은 the way to the station이 된다.

물론 여기서 역으로 바로 가는 역전의 큰 길 같은 길이 있다면 the road to the station이라고 하면 된다. road나 street은 둘 다 「가는 길」이 아니라 그냥 「하나의 길」이다. 굳이 구분하자면 road는 「국도 같은 간선도로 같은, 차가 쌩쌩 달리는 곳」이 연상되는 말이다. 반면에 street은 「보도나 상가지역도 포함한 좁은 길 혹은 시내도로이다. street musician이라는 것은 있어도 road musician은 별로 없을 것이다. 순식간에 차에 치이거나 차에 치이지 않더라도 차 밖에 다니지 않는, 소음과 매연만 가득한 곳에서 노래해 봐야 별 소용없지 않은가.

> 가는 길, 거쳐가는 길 ··· way
> 차도 ··· road
> 사람도 차도 다니고 쇼핑도 할 수 있는 곳 ··· street

- Can you tell me the way to the station?
  역으로 가는 길을 가르쳐 주시겠습니까?

- This road leads to GwangMyeong City.
  이 길은 광명시로 통한다.

- I met him on the street and we chatted for a while.
  나는 그와 길에서 만나 잠시 수다를 떨었다.

22 마시다

drink는 「입을 컵에 대고 마실」때만 쓴다. 수프를 먹는 동작은 훌훌 마시는 것 같지만 eat을 쓴다. 참고로 약은 take이다.

> 컵에 입을 대고 마시다 ··· drink
> 수프를 먹다 ··· eat
> 약을 먹다 ··· take

- He drank a cup of tea.
  그는 차를 한 잔 마셨다.

- After eating the soup, he went on to the main dish.
  수프를 먹고나서 그는 주요리로 들어갔다.

- Don't forget to take your medicine after dinner.
  저녁식사 후 약 먹는 것 잊지마.

23 부끄러워하다

be ashamed of [that절]은 거짓말을 했다든지 도둑질을 했다든지 윤리적으로 자신을 책망하는 마음을 나타낸다. 남들 앞에서 이야기하거나 그녀에게 고백하는 게 부끄러운 것은 「쑥스러워하다」로 be shy를 사용한다. 또한 사람이 많은 곳에서 방귀를 뀌거나 갑자기 낯선 외국인이 말을 걸어와서 「어쩌지!」하며 어찌할 바를 몰라하는 것은 be embarrassed이다.

> 윤리적으로 창피함을 알다 ··· be ashamed of [that절]
> 쑥스러워하다 ··· be shy
> 어찌할 바를 몰라하다 ··· be embarrassed

- He is ashamed that his son stole the money.
  그는 아들이 돈을 훔쳤다는 것을 창피해하고 있다.

- He is too shy to talk in front of a large audience.
  그는 너무 부끄러워서 많은 청중들 앞에서는 이야기를 할 수가 없다.

- She was embarrassed when she was laughed at by her classmates.
  급우들이 비웃어서 그녀는 당황했다.

24 쓰다

글씨를 쓰는 것은 write이며, 연필로 지도 등을 단색으로 그리는 것은 draw이다. 색칠하면서 그리는 것은 paint이고, 대학원서나 비디오 가게의 회원가입서처럼 이름이나 주소를 쓰는 칸이 이미 정해져 있는 양식을 메우는 것은 fill out이다.

글씨를 쓰다	⋯ write	서식을 메우다	⋯ fill out
단색으로 그리다	⋯ draw	색칠하면서 그리다	⋯ paint

- Who was it that wrote this book?
  이 책을 쓴 것은 누구였나요?

- You are requested to fill out this form to join this club.
  이 동아리에 가입하려면 이 양식을 써주세요.

- Could you draw me a map so that I won't get lost?
  내가 길을 잃지 않도록 지도를 그려주시겠습니까?

- He likes to paint pictures.
  그는 그림을 그리는 것을 좋아한다.

25 넓다

폭이 넓은 것은 wide나 broad이다. 면적이 넓은 것은 large이다.

폭이 넓다	⋯ wide/broad
면적이 넓다	⋯ large

- There is a wide river near his house.
  그의 집 근처에 넓은 강이 있다.

- His house is very large.
  그의 집은 상당히 넓다.

 싸우다

fight는 치고 박고 하는 싸움 또는 전쟁 등 살상에 사용한다. 말다툼은 quarrel이나 argue이다.

| 치고 박고 하는 싸움 | ⋯ | flight |
| 말다툼 | ⋯ | quarrel/argue |

- They are fighting for their country.
  그들은 자신의 나라를 위해 싸우고 있다.

- He always quarrels with his wife.
  그는 항상 그의 부인과 싸운다.

 약

nearly[almost] one hundred라고 하면 「100 가까이」이며, nearly나 almost는 그 수에 약간 못 미침을 의미한다. 반대로 barely one hundred는 「간신히 100」으로, 즉 barely는 그 수가 겨우 될까 말까 하거나 약간 넘는 것을 의미한다. about one hundred는 단순히 「약 100」으로 100이상일 때도

100이하일 때도 쓴다.

~가까이	⋯	nearly/almost
~남짓	⋯	barely
약~	⋯	about

- The population of that city is nearly one million.
  그 도시의 인구는 100만명 가깝다.

- He earns barely 1,000,000 won a month.
  그는 한 달에 간신히 100만원을 번다.

- About 100 people gathered for the party.
  약 100명의 사람들이 파티에 모였다.

28 이웃

neighbor는 「이웃주민」으로 사람을 뜻한다. neighborhood는 「이웃 지역」으로 동네를 뜻한다. neighboring는 형용사로 「이웃의」라는 뜻이다.

이웃주민	⋯	neighbor
동네	⋯	neighborhood
이웃의	⋯	neighboring

- A good neighbor is better than a brother far off.
  (속담) 좋은 이웃이 먼 형제보다 낫다.

- Children in this neighborhood study at this school.
  이 지역의 어린이들은 이 학교에서 공부한다.

- Many people from neighboring countries live here.
  이웃나라에서 온 많은 사람들이 여기에 살고 있다.

29 처음(으로)

「고등학교에 가서 처음에는 적응할 수 없었다.」에서 「처음에는」의 뜻인 「처음」은 at first이며 「고등학교 때 처음으로 그녀를 만났다.」에서 「첫 번째로」의 「처음」은 first나 for the first time이다. 단, first는 동사 앞에 두고 for the first time은 문장 맨 뒤에 둔다.

처음에는	…	at first
첫 번째로	…	first (동사의 바로 앞)
		for the first time (문장의 맨 뒤)

- I didn't like him at first.
  처음에 나는 그를 좋아하지 않았다.

- I first met him at high school.
  = I met him at high school for the first time.
  고등학교 때 나는 그와 처음 만났다.

30 방법

방법은 way를 쓰면 되지만 그 뒤가 문제이다. 「영어를 익히는 방법」처럼 무슨 어려운 문제를 극복하기 위한 수단을 뜻할 때는 반드시 the way to master

English라는 식으로 to부정사로 수식한다. 그러나 「인사하는 방법」과 같이 일상적으로 하고 있는 것은 of ~ing로 수식한다.

- Studying abroad is the best way to master a foreign language.
  유학하는 것은 외국어를 정복하는 가장 좋은 방법이다.
- Bowing is a Korean way of greeting.
  절은 한국식의 인사법이다.

31 (~으로, ~하러) 가다

동사는 go를 쓰면 되지만 그 뒤의 전치사가 문제이다. 「미국으로 가다」라는 식으로 목적지를 그 뒤에 가져올 때는 당연히 go to + 장소지만 「수영하러가다」와 같이 나가는 목적이 뒤에 올 때는 go for a drink「한 잔 하러가다」라는 식으로 for를 쓰거나 혹은 동사라면 go swimming과 같이 go ~ing을 쓴다.

단, 이 형태를 쓸 때는 그 뒤의 전치사에도 주의한다. 「바다에 수영하러가다」라고 할 때 우리말의 「~에」에 현혹되어 "go to swimming to the sea"라고 해서는 안 된다. 이렇게 하면 「바다까지 걸어가다」로 오인 받을 수 있기 때문이다. 「바다에서 수영하다」라고 생각해서 go swimming in the sea라고 한다. 그리고 「드라이브 가다」와 같이 그 여행의 종류가 오는 경우 go on a drive로 on을 쓴다.

장소	…	go to + 장소
목적	…	go for + 명사 + in [on/at] + 장소
		혹은 go ~ing in [on/at] + 장소
여행의 종류	…	go on + 종류

- Some day we will be able to go to the moon.
  언젠가 우리는 달에 갈 수 있을 것이다.

- Let's go shopping at the supermarket.
  수퍼마켓에 시장보러 갑시다.

- He went on a business trip to the U.S.
  그는 미국으로 출장을 갔다.

나오다, 나가다

come out은 상당히 편리한 동사로,「책이 나오다」「싹이 나오다」등 우리말의「나오다」와 마찬가지로 사용할 수 있다. 한편「전화소리에 전화를 받으러 나가다」,「벨소리를 듣고 나가다」와 같이 다른 사람이 부르는 소리에 응답하다라는 뜻일 때는 모두 answer를 쓰면 된다.

세상에 나타나다	… come out
응답하다	… answer

- Who was it that answered the bell?
  누가 벨소리에 응답했니?

- His new book will come out at the end of March.
  3월말에 그의 신간이 나온다.

33 어울리다

넥타이가 셔츠에 잘 맞다라고 할 때처럼 사물이 사물에 어울리는 것은 match 나 go with~를 쓴다. 사람에게 어울릴 때는 suit을 쓰거나 더 구어적으로 써도 될 경우에는 사람을 주어로 해서 You look nice in that jacket.「그 자켓을 입으니 멋있다.」라고 표현한다.

> 사물에 어울리다 ··· match/go with ~
> 사람에게 어울리다 ··· suit/사람 looks nice in ~

- I'm looking for a tie which will match this jacket.
  나는 이 자켓에 어울리는 넥타이를 찾고 있습니다.
- You look nice in that jacket. / That jacket suits you.
  그 자켓이 너한테 잘 어울려.

34 근처(의)

near는 전치사로 사용하거나 「거리가 짧은」의 뜻으로 형용사로 사용한다. 즉, hospital near my house「우리 집 근처에 있는 병원」, the near way 「지름길」 등으로 표현해도 좋지만 「근처의」라는 뜻으로 the near park「근처 공원」이라고 표현해서는 절대로 안 된다는 것이다. 이럴 때는 nearby를 쓴다.

> 전치사로서 ··· near
> 형용사로서 「가까운 거리의」 ··· near
> 형용사로서 「근처의」 ··· nearby

- I used to play in the park near my house when a child.
  나는 어릴 때 집 근처 공원에서 놀곤 했다.

- Which is the nearest way to the station?
  역으로 가는 가장 가까운 길은 어떤 것입니까?

- I used to play in the nearby park when a child.
  나는 어릴 때 근처 공원에서 놀곤 했다.

35 이기다

win은 목적어 자리에 시합이나 경기같은 「사물」만 온다. 「사람에게 이기다」는 beat을 쓴다.

| 사물에 이기다 | ⋯ | win+사물 |
| 사람에게 이기다 | ⋯ | beat+사람 |

- He won the match.
  그는 그 시합에 이겼다.

- He beat the champion.
  그는 챔피언에게 이겼다.

* beat은 beat-beat-beaten으로 동사변화가 불규칙. 「졌다」라고 할 때도 I lost the game.으로 하든지 I was beaten by him.으로 하든지 둘 중의 하나다.

빌려주다 · 빌리다

lend는 친구끼리 빌려주는 쪽이 이익을 생각하지 않고 빌려주는 것이며 빌리는 것은 borrow이다. rent는 「빌려주다」의 뜻인데도 「빌리다」의 뜻으로도 쓰인다. 단, 아파트나 렌트카 등, 빌려주는 쪽이 상업적 목적으로 하는 행위일 때만이다. 그리고 「(남의 집의) 화장실이나 전화를 빌려쓰다」 등 그 자리에서 사용하는 것은 use가 된다.

개인적으로 빌려주다	…	lend + 사람 + 사물
개인적으로 빌리다	…	borrow + 사물 + from + 사람
돈을 받고 빌려주다	…	rent + 사람 + 사물
돈을 지불하고 빌리다	…	rent + 사물 + from + 사람
그 자리에서 사용하다	…	use

- Could you lend me that book?
  그 책을 빌려주겠니?

- I borrowed that book from him.
  나는 그 책을 그에게서 빌렸다.

- I rent the apartment from Mr. Kim.
  나는 김씨에게서 그 아파트를 빌렸다.

- Can I use the telephone?
  전화 좀 써도 될까요?

 ## 조사하다

사건이나 문제를 조사하다는 뜻의 「조사하다」는 examine이며, 사전으로 단어를 찾아내거나 전화번호부로 전화번호를 알아보는 의미로는 look ~ up, 사전을 찾아보는 것은 use를 쓴다.

조사하다	…	examine
찾아내다	…	look up
사전을 찾아보다	…	use

- We have to examine the problem more closely.
  우리는 더 면밀히 그 문제를 조사해야만 한다.

- Look the word up in your dictionary.
  그 단어를 사전으로 찾아보세요.

- Use your dictionary when you find a word you don't know.
  모르는 단어를 발견했을 때는 사전을 찾아보세요.

38 닮다

look like는 「~인 것처럼 보이다」라는 의미이므로 외모가 닮았을 때 쓰며 성격에는 쓸 수 없다. take after ~는 유명한 숙어이지만 원래 누군가의 뒤를 (after), 잇다(take)라는 뜻에서 생긴 숙어이기 때문에 부모자식간과 같은 친인척 관계에서 밖에 쓸 수 없다. 남이라면 가장 쓰기 적당한 것이 be alike 「닮은」이라는 형용사이다. 이에 in appearance 「외모에서」라든지 in character 「성격에서」와 같은 말을 붙여서 사용하면 된다.

아이가 부모를 닮다	…	take after
남이 닮다	…	be alike in appearance [in character]

- He takes after his father.
  그는 아버지를 닮았다.

- Tom and Mike are alike in appearance[in character].
  톰과 마이크는 외모에서[성격에서] 닮았다.

39 의심하다

doubt는 「~인 것을 의심하다」로 「~가 아니라고 생각한다」라는 뜻이다. 반면에, 영화나 드라마 선전에서 스릴과 서스펜스라는 말이 가끔 쓰이는데 그럴 때의 서스펜스와 같은 어원인 suspect는 「~가 아닐까 의심하다」로 「~라고 생각한다」는 것을 뜻한다. doubt와 suspect는 둘 다 「의심하다」로 해석할 수 있지만 뜻은 정반대이니 주의한다.

~(이)라고 의심하다 … doubt
~(이)아닐까 의심하다 … suspect

- I doubt that he will help me.
  나는 그가 나를 도와줄 것인지 의심하고 있다. (도와주지 않을 것이다)

- I suspect that he loves her.
  나는 그가 그녀를 사랑하는 게 아닌가 의심하고 있다. (사랑할 것이다)

40 빨리

「신속하게」에 해당되는 것이 fast와 quickly이다. 둘의 차이는 그다지 신경

쓰지 않아도 되지만 굳이 말하자면 「속도가 빠른」이 fast인데 대해 「머뭇거리지 않고」의 의미는 quickly이다. 아울러 「일찍」에 해당되는 것은 early와 soon 의 두 가지가 있다. 둘은 구별할 필요가 있다. early는 절대적으로 빠른, 예를 들면 「아침 일찍」이라는 식으로 쓰이고, soon은 상대적으로 빠른, 즉 「어떤 시점에서 단시간내에」라는 뜻이다.

신속하게	…	fast(속도), quickly(머뭇거리지 않고)
일찍	…	early(절대적), soon(상대적)

- I finished my chores quickly before going to bed.
  자기 전에 나는 자질구레한 일을 빨리 마무리지었다.

- He always gets up early.
  그는 언제나 일찍 일어난다.

- Sorry for not having written to you sooner.
  더 빨리 편지를 못 써서 미안하다.

41 보다 · 보이다

see는 「보다」가 아니라 의식하지 않고 「보이는」것이다. 상태를 나타내는 동사이므로 진행형으로는 하지 않는다. look at~은 한 곳을 의식적으로 바라보는 것이며 watch는 움직임이 있는 것을 지켜보다라는 뜻이다.

보이다	…	see(진행형 불가)
바라보다	…	look at
지켜보다	…	watch

- The house you see over there is ours.
  저기에 보이는 집이 우리 집입니다.

- What are you looking at?
  넌 무엇을 보고 있니?

- I was watching people passing by while waiting for him.
  그를 기다리면서 사람들이 지나가는 것을 보고 있었다.

42 듣다 · 들리다

hear는 무의식중에 「들리다」이며 상태를 나타내는 동시이므로 진행형이나 명령형으로 하지 않는다. 또는 that절로 하면 소문으로 듣다라는 뜻이 된다(Part 1 p. 39참조). listen to~는 주의해서 「~에 귀를 기울이다」라는 뜻이다.

들리다	⋯	hear+O+C
소문으로 듣다	⋯	hear that ~
귀를 기울이다	⋯	listen to ~

- I heard someone crying.
  누군가가 외치는 것을 들었다.

- I heard that he got married.
  그가 결혼했다고 들었다.

- Listen to what I am saying.
  내가 말하는 것에 귀를 기울여라.

43 예약

기차나 레스토랑 등 자리를 예약할 때는 reservation 혹은 booking이며 치과나 미용실 등 전문가를 그 시간 동안 독차지하는 예약은 appointment이다.

> 자리잡기 …
>   make a hotel[train, flight, dinner 등] reservation for + 시각
>   book + 사물 + for + 시각
> 만나도록 하다 … make an appointment with + 사람 + at + 시각

- I've made a dinner reservation for this evening.
  나는 오늘 저녁 식사를 예약했다.

- Can I make an appointment with Dr. Lee at five?
  오늘 5시에 이선생님의 진료를 예약할 수 있을까요?

44 그늘

사물의 그림자가 shadow이며, 보통 "the shadow of ~" 「~의 그림자」와 같이 쓴다. 그늘은 shade인데, 이것은 특정한 그림자가 아니라 「그늘」에 대응해서 "in the shade" 「그늘에서」라는 형태로 사용한다.

> 사물의 그림자 … the shadow of~
> 그늘에서 … in the shade

- I saw the shadow of that tall tree on the ground.
  나는 그 키 큰 나무 그림자가 땅에 드리워져 있는 것을 보았다.

- Take a rest in the shade.
  그늘에서 쉬고 있어라.

45 알고 있다

"know+목적어"는 all or nothing의 표현으로 「전혀 알지 못한다」, 「매우 잘 안다」라는 의미로 밖에 쓸 수가 없다. 「조금 안다」, 「그다지 알지 못한다」라고 할 때는 "know something about + 목적어" 혹은 "know little about + 목적어"를 사용한다.

잘 안다	…	know + 목적어 (very well)
조금 안다	…	know something about + 목적어
그다지 알지 못한다	…	know little about + 목적어
전혀 알지 못한다	…	don't know + 목적어

- I don't know him at all.
  나는 그를 전혀 알지 못한다.

- I was surprised to find how little I know about Korea.
  나는 내가 한국에 대해 얼마나 무지한지 알고 놀랐다.

46 가격 · 대금

price는 물건의 가격에만 쓴다. 호텔의 방값, 이발비 등 물건에 반영되지 않는 소위 서비스 요금은 charge이며 운임은 fare이다.

물건의 대금	···	price
서비스요금	···	charge
전철/버스비	···	fare

- What is the price of this book?
  이 책의 가격은 얼마입니까?

- The telephone charge amounted to 10,000 won.
  전화요금이 10,000원에 달했다.

- Bus fares vary depending on the distance.
  버스요금은 거리에 따라 다양하다.

 신경쓰다

「그는 옷에 신경쓰지 않는다.」고 할 때는 「무관심이다」라는 의미가 된다. 이렇게 「관심을 가지다」라는 뜻의 「신경쓰다」는 care about~이며 「아이의 행동에 신경쓰다」라는 식으로 「걱정하다」의 의미일 때는 worry about~, be anxious about~을 쓴다.

관심을 가지다	···	care about
걱정하다	···	worry about/be anxious about

- He doesn't care about what he wears.
  그는 그가 무슨 옷을 입든지 신경쓰지 않는다 (좋으나 나쁘나 상관없다).

- He worries about his health.
  그는 자신의 건강을 걱정하고 있다(나빠질까 걱정).

48 손님

guest는 개인의 집에 오는 손님이거나 호텔의 투숙객이며 상점 등에 물건을 사러오는 손님은 customer이다. 그에 대해 변호사 등에게서 서비스를 사는 손님은 client이고 기차의 승객은 passenger, 콘서트 등을 보러 오는 사람은 audience이다.

개인의 집 · 호텔 ···	guest
물건을 사는 사람 ···	customer
전문적 서비스 ···	client
승객 ···	passenger
관객 ···	audience

- We are expecting a guest this evening.
  오늘밤 손님이 집에 오시기로 되어있습니다.

- The shop was crowded with the customers.
  그 가게는 손님으로 북적거렸다.

- The lawyer has a lot of clients and is always very busy.
  그 변호사는 많은 고객을 가지고 있고 늘 바쁘다.

49 취하다

술에 취하는 것은 get drunk이며 취한 것처럼 어지러운 배멀미를 하다는 get seasick이며 그와 비슷하게 차멀미를 하다는 get carsick이라고 한다.

| 술에 취하다 | ⋯ | get drunk |
| 배(차)멀미를 하다 | ⋯ | get seasick(carsick) |

- He got drunk and fell asleep.
  그는 술에 취해 잠들었다.

- She gets carsick easily.
  그녀는 쉽게 차멀미를 한다.

50 보통의

「특별히 잘난 것도 못한 것도 없다」라는 의미의 「보통」은 average나 ordinary, 「이상하지 않다」·「정상」이라는 뜻의 「보통」은 normal을 쓴다.

| 좋지도 나쁘지도 않다 | ⋯ | average/ordinary |
| 이상하지 않다 | ⋯ | normal |

- His behavior is not normal at all.
  그의 행동은 결코 정상이 아니다.

- He is just an ordinary[average] office worker.
  그는 보통 샐러리맨이다.

51 기대하다

expect는 「기대하다」라기 보다 「절대로 일어날 수 없는 일(좋은 일이든 나쁜 일이든)을 일어날 것으로 생각하고 기다리다」라는 뜻이다. hope은 말 그대로

「(좋은 일)을 기대하다」이며, 둘 다 that절이나 목적어+to부정사의 형태를 취한다.

(일어날 것을 당연시하면서)기다리다	…	expect that S + V
		expect + 사람 + to부정사
기대하다	…	hope that S + V
		hope for + 사람 + to부정사

- He was angry because he expected me to arrive at 5.
  그는 내가 5시에 도착할 것이라 생각했었기 때문에 화를 냈다.

- I hope for him to come to see me tomorrow.
  나는 그가 내일 나를 만나러오기를 기대합니다.

52 회사

company는 사장을 정점으로 한 회사조직을 뜻한다. 샐러리맨 개개인이 평소에 일하는 곳은 office이다. 따라서 「회사에 가다」를 "go to the company"라고 하는 사람이 있는데 매일 출퇴근의 의미로 이렇게 쓰는 것은 어색하다. 학생이 취직시험을 보러간다든지 샐러리맨이 사장에게 직접 의견을 말하러 가는 경우라면 상관이 없다.

사장·본점을 정점으로 하는 조직	…	company
매일 일하는 부서	…	office

- He is working for a leading company of Korea.
  그는 한국의 주요기업에서 일하고 있다.

- My father hasn't come back from his office.
  저의 아버지는 아직 회사에서 돌아오시지 않았습니다.

53 마지막으로

at last는 무엇인가를 찾고 있다가 「드디어」 찾았다라고 할 때 쓴다. 그에 대해 after all은 물건을 찾고 있었지만 「결국」 찾지 못했다라는 뜻으로 쓴다.

```
드디어 ~했다       …   at last
결국 ~하지 않았다   …   after all
```

- He was looking for his watch, and at last he found it.
  그는 시계를 찾고 있다가 드디어 찾았다.

- He was looking for his watch, but he couldn't find it after all.
  그는 시계를 찾고 있었지만 결국 찾을 수가 없었다.

54 일어나다

「일어나다」라는 동사는 사고·지진·전쟁 등 다양한 단어를 주어로 한다. 「일어나다」라고 하면 happen이 머리에 떠오를지 모르지만 happen을 사용할 수 있는 경우는 「사고」가 주어일 때이며 화재나 전쟁, 혁명과 같은 인재는 break out 「발발하다」를 쓴다. 또한 지진이나 태풍 등의 천재지변은 보통 hit+장소 「(장소)를 엄습하다」를 쓴다. 단 there is 구문은 이 모든 경우에 쓸 수 있어 편리한 표현이다.

	there is ...	happen	hit+장소	break out
사고	O	O	X	X
화재·전쟁 등 인재	O	X	X	O
지진·태풍 등 천재지변	O	X	O	X

- There was a traffic accident in front of my house.
  = A traffic accident happened in front of my house.
  우리 집 앞에서 교통사고가 일어났다.

- There was a fire in my neighborhood.
  = A fire broke out in my neighborhood.
  화재가 우리 집 근처에서 일어났다.

- There was a strong earthquake in Taiwan.
  = A strong earthquake hit Taiwan.
  강력한 지진이 대만에서 발생했다.

없애다

텔레비전 등 스위치를 끔으로서 (화면이) 안 보이게 하는 것이 turn ~ off이다. turn「돌려서」off「꺼진 상태로」하다라는 뜻이다. 불 등 돌려도 없앨 수 없는 것은 put ~ out이며, 글씨 등을 문질러서 없애는 것은 rub ~ out, 얼룩을 없애거나 고통을 없애거나 「(좋지 못한 것을) 없애다」라고 할 때는 remove이다.

| 스위치로 끄다 | … | turn ~ off | 불을 끄다 | … | put ~ out |
| 문질러서 없애다 | … | rub ~ out | 제거하다 | … | remove |

- Can you turn the TV off?
  텔레비전 좀 꺼줄래?

- The fire engine had difficulty putting the fire out.
  그 소방차는 화재를 진화하기가 어려웠다.

- He rubbed out what he wrote on the notebook.
  그는 노트에 쓴 것을 지웠다.

- I think it difficult to remove this stain.
  나는 이 얼룩을 없애는 것은 어렵다고 생각한다.

56 고치다

병을 고치는 것은 cure이며, 상처를 고치는 것은 heal, 기계 등을 고치는 것은 repair, 신발이나 옷 등을 수선하는 것은 mend, 작문에서 틀린 곳을 교정하는 것은 correct, 흐트러진 머리나 넥타이나 화장을 원래 상태로 되돌리는 것은 adjust 혹은 fix이다.

병을 고치다 ···	cure
상처를 치유하다 ···	heal
기계를 고치다 ···	repair
수선하다 ···	mend
수정하다 ···	correct
원래의 위치로 되돌리다 ···	fix/adjust

- This medicine will cure your cold soon.
  이 약은 당신의 감기를 금세 낫게 해줄 것이다.

- It will take a few weeks to heal this wound.
  이 상처를 고치는 데는 몇 주 걸릴 것이다.

- It cost five thousand won to have this watch repaired.
  이 시계를 고치는 데 5000원 들었다.

- Can you mend my jacket?
  내 자켓을 수선해 주실 수 있어요?

- Can you correct grammatical errors in this sentence if there are any?
  만약 이 문장에 문법적인 오류가 있다면 고쳐주시겠습니까?

- He stopped to fix his tie.
  그는 넥타이를 바로 하기 위해 멈춰섰다.

57 발가벗은

nude「누드」라는 말은 예술작품에서 모델이 발가벗었다는 것을 의미하는 경우 외에는 쓰지 않기 때문에 영작문에서 쓸 일은 없을 것이다. 보통「나체의」라고 할 때는 naked나 bare를 쓴다. naked는「원래 숨겨야 할 것을 숨기지 않은 부끄러운 상태」를 가리키므로 팬티를 안 입은 경우의 전라일때를 의미한다. 「아무 것도 신지 않은 발」, 「벌거숭이 나무」등은 벗고 있어도 별로 부끄러운 것이 아니므로 bare이다.

```
전라여서 부끄럽다       …   naked
부끄럽지 않은 것이 발가벗음  …   bare
```

- There was a naked man swimming in the river.
  그 강에서 발가벗고 헤엄치고 있는 남자가 있었다.

- In winter these trees become bare.
  겨울에는 이 나무들은 벌거숭이가 된다.

58 알다

그가 「배고파!」라고 말하고 싶어한다고 가정하자. 이 때 그가 말하고 싶은 바를 「안다」라고도 할 수 있고 그가 배고파하는 것을 「안다」라고 할 수도 있다. 전자는 understand이고 후자는 realize나 find이다. 즉, realize나 find의 뒤에는 「안 사실」이 분명하게 씌어져있는 것에 비해 understand의 뒤에는 분명하게 씌어져있지 않은 것이 특징이다. 아래의 예에서 그 차이를 확인하자.

「너무나 야위었지만 그녀라는 것을 알았다.」라는 경우와 같이 분별하다라는 의미로는 recognize이다. 지금까지 열거한 단어는 모두 사람이 주어이지만 「그 이야기가 거짓말이라는 것을 알았다.」와 같이 「(사물이)~라고 판명되다」라는 의미로는 turn out이나 prove를 쓴다.

사람이 「내용을 이해하다」	…	understand
사람이 「알다 · 깨닫다」	…	learn/find/realize
사람이 「분별하다」	…	recognize
사람 · 사물이 「~라고 판명되다」	…	turn out/prove

- I understood what he wanted to say.
  나는 그가 말하고자 하는 말을 알았다.

- I realized he was hungry.
  나는 그가 배고파하는 것을 알았다.

- I recognized him though we hadn't met for years.
  나는 그를 몇 년이나 만나지 않았지만 그라는 것을 알았다.

- His story turned out to be false.
  그의 이야기가 거짓말이라는 것이 판명되었다.

59 하마터면~

「하마터면 절벽에서 떨어질 뻔하다.」라는 것은 결국 「안 떨어지다」라는 뜻이다. 이것은 almost나 nearly로 나타낸다. 참고로 「가까스로 화재를 피하다」라는 말은 결국 「피했다」는 뜻이므로 barely나 narrowly로 나타낸다.

> 하마터면 ~할 뻔했다 … almost/nearly
> 가까스로 ~했다 … barely/narrowly

- He nearly fell off the cliff.
  그는 하마터면 절벽에서 떨어질 뻔했다(하지만 떨어지지 않았다).

- He barely escaped from the fire.
  그는 가까스로 화재를 피했다.

* almost는 「하마터면 ~할 뻔하다」로 「~하지 않다」라는 부정의 의미가 되므로 주의가 필요하다. 「그는 내가 하는 말을 거의 이해했다.」라는 문장을 영작하는 데 "He almost understood what I said."라고 영작하는 사람이 있는데, 이렇게 되면 「하마터면 이해할 뻔했다.」로 「이해하지 않았다」는 것을 의미하게 된다. 이런 경우에는 「대부분」을 의미하는 most를 써서 "He understood most of what I said."라고 해야 한다.

60 재미있다

지적으로 흥미로운 것이 interesting이므로 책이나 공부가 재미있다고 할 때 쓴다. funny는 웃기는 것에, 스포츠 경기가 재미있을 때는 exciting을 쓴다.

> 흥미롭다 … interesting
> 웃기는   … funny
> 두근거리는 … exciting

- Learning a foreign language is really interesting.
  외국어를 배우는 것은 정말 재미있다.

- He is a very funny person, and always makes us laugh.
  그는 매우 재미있는 사람이며 늘 우리를 웃긴다.

- Which do you think more exciting, soccer or baseball?
  야구와 축구 중 어느 쪽이 더 재미있어요?

61 발달(하다)

「발달하다」라고 하면 develop이나 development를 쓰고자 하는 사람이 많지만 이들은 무에서 만들어지는 것, 즉 「개발」이나 「개발되는 것」을 가리킨다. 이미 있던 것이 커지는 것은 advance나 progress이다.

> 「개발」 … develop(동사) / development(명사)
> 「발달」 … progress(명사 · 동사)
>   advance(동사) / advancement(명사)

- With the development of computers, our society has changed.
  컴퓨터의 개발로 우리 사회는 바뀌었다.

- With the progress of medical science, a lot of people now live to be over 80.
  의학의 발달로 오늘날 많은 사람들이 80세를 넘을 때까지 산다.

62 만나다

"meet"은 서로 상대방이 있다는 걸 알고 있지만 "see"는 일방적으로 상대방의 모습을 보기만 했다는 의미도 포함된다. 따라서 "I met him."이라고 해도 만나서 「안녕!」하고 인사했다는 뜻으로 볼 수 있고, "We met." 「우리는 만났다.」고 해도 같은 뜻이 된다("We met each other."라고는 굳이 말하지 않아도 됨).

하지만 "I saw him."이라고만 하면 내가 일방적으로 그를 본 것일지도 모르니 「만나다」라는 뜻으로 쓸 때는 "We saw each other." 「서로를 보았다.」라고 해야 한다. 이 경우 "each other"를 생략할 수 없다는 점도 유의하자. 또한 둘 다, 약속하고 만날 때도, 우연히 만날 때도 쓸 수 있지만 우연히 만나는 경우는 의미를 명확하게 하기 위해서 "meet + 사람 + by chance"라고 하는 게 좋다. 또 처음 만날 때는 meet을 쓴다. 이것은 모두 사람을 만날 때 쓰는 표현인데 「태풍을 만나다」와 같이 장애나 힘든 일에 직면하는 것은 "meet with~"나 "be caught in~"을 쓴다.

- 사람을 만나다
  - 우연히 일방적으로 보다 … see + 사람
  - 우연히 만나다 … meet + 사람 + by chance / bump into
  - 약속해서 만나다 … meet / see each other
  - 처음으로 만나다 … meet (for the first time)
- 장애·힘든 일을 만나다   meet with + 사물 / be caught in + 사물

- I saw him on the street yesterday.
  나는 어제 그를 길에서 보았다.

- I met him by chance when I was taking a walk in the park.
  공원에서 산책하고 있었을 때 나는 그를 우연히 만났다.

- Last time we met [we saw each other], he told me he would go to Italy on vacation.
  마지막에 그를 만났을 때 그는 휴가 때 이탈리아로 간다고 내게 말했다.

- We soon became good friends after we met.
  우리는 (처음) 만난 후 금세 좋은 친구가 되었다.

- We were caught in a storm and couldn't go on.
  우리는 폭풍우를 만나서 앞으로 갈 수가 없었다.

63 곤란하게 하다

"trouble"은 심리적으로 동요시키는 것이며, "bother"는 폐를 끼치거나 불필요한 수고를 남에게 하게 하는 것, "disturb"는 방해하는 것, "annoy"는 폐를 끼치거나 방해가 됨으로서 상대방을 질리게 하는 것이다. 매우 비슷하여 경우에 따라서 이 단어들 중 몇 개는 어느 것을 사용해도 별 차이가 없는 경우도 있지만 앞서 언급한 내용을 기준으로 해서 판단했으면 한다. 학생들은 "trouble"을 과용하는 경향이 있지만 대부분의 경우 "bother"나 "disturb"가 맞을 때가 많다.

동요시키다	⋯ trouble
폐를 끼치다 · 수고를 하게 하다	⋯ bother
방해하다	⋯ disturb
짜증나게 하다	⋯ annoy

- She is troubled by her son's behavior toward her.
그녀는 그녀에 대한 아들의 행동으로 곤란해 한다.

- We live on a main road, and we are bothered by the noise of the traffic.
우리는 큰길가에 살고 있으며 도로의 소음으로 고통받고 있다.

- Don't disturb me while I am studying.
내가 공부하는 동안에는 방해하지 마라.

- I was annoyed by his rude way of speaking.
나는 그의 무례한 말투에 질렸다.

PART 3

자유 영작문의
완전공략

학생들의 가장 큰 약점인
"자유영작문"의
명쾌한 지침이 되는

독창적 지도법

Introduction

- 자유영작문이란 어떤 것인가 -

▶ **영작과 자유영작문**

　지금까지 영작문 시험이라고 하면 모국어를 영어로 고치는 영작이 중심이 되어 있었습니다. 그리고 출제 유형은 두 가지가 있었습니다.

　하나는 입시영어의 구문을 제대로 암기하고 있는지를 묻는 것을 목적으로 하는 것으로, 예를 들어 It goes without saying that … 「…하는 것은 말할 나위도 없다」라는 동명사를 사용한 유명한 구문이 있지만 이것을 알고 있는지를 시험하기 위해 「건강이 중요한 것은 말할 나위도 없다.」라는 문장을 영어로 번역하는 문제입니다. 이것은 영작문의 시험이라기보다는 거의 문법시험이라고 할 수 있습니다.

　또 다른 하나는 모국어 특유의 말투를 영어로 고치는 문제입니다. 예를 들어, 「그의 영어 실력은 노력의 결과다.」의 「결과」를 어떻게 영작하는지를 보는 것이 출제의도입니다. 첫 번째 유형에 비하면 이 유형이 더 나을지 모르지만 소설가의 작품을 영어로 번역하는 게 아닌 이상 일반 수험생의 영어 실력을 측정하기 위한 출제로는 그다지 의미가 있다고 보기 어렵습니다.

　이러한 유형의 영작문은 안타깝지만 아직도 입시 등에서 출제되고 있습니다. 하지만 소위 「발진형 영어」를 익히는 것이 중시되면서, 자신이 말하고자 하는 바를 있는 그대로, 간단한 영어라도 설득력있는 어법으로 상대방을 이해시킬 수 있는지 시험하고자 하는 경향이 나타나고 있습니다. 그 결과 최근 몇 년간 상당히 많이 출제되고 있는 것이 바로 자유영작문입니다.

　일본의 경우 많은 국공립대학에서는 최근에 종종 자유영작문이 출제된 바 있으며 매년 출제하는 사립대학도 증가하고 있습니다.

▶ **자유영작문의 채점기준**

　일반 영작문제와 가장 다른 점이 영작문제가 보통 감점방식으로 채점되는 데 비해 자유영작문은 가점방식으로 채점이 이루어진다는 것입니다.

　예를 들어, 「최근 담배를 피우는 사람이 많다.」라는 문장을 영작하라는 문제가 출제되었다고 합시다. 그랬더니 A군은,

　　"These days the number of people who smoke is large."

라고 대답했다고 칩시다. 그런데 B군은,

　　"Today a lot of people smoke."

라고 대답했다고 칩시다. 둘 다 맞는 답이니까 만점을 받을 수 있을 것입니다. A군의 답안은 관계사를 사용하고 또 number라는 주어에 large라는 보어가 맞게 대응하고 있는 점 등, 상당히 고도의 문법·어법능력을 구사하고 있습니다(Part 1에서 했지요?). B군은 중학교 1학년이라도 아는 단어·문법 밖에 사용하고 있지 않습니다. 그래도 바른 문장이기 때문에 만점입니다.

　만약 A군이 바른 답안을 쓰려다 실수로,

　　These days the number of people who smoke <u>are</u> large.

라고 썼다고 하지요. 물론 틀렸기 때문에 감점대상이 됩니다. 따라서 쉬운 영어로 실수없이 답을 쓴 B군의 답안보다 낮은 점수 밖에 얻지 못하게 됩니다. 이것이 바로 감점방식입니다. 그리고 감점방식의 경우는 가능한 한 쉽게 실수없이 답하는 것이 중요합니다.

　그런데 자유영작문의 경우에는 이야기가 달라집니다. 예를 들어, "What season do you like best?"라는 질문에 대해 「영어로 자신의 생각을 서술하시오」라는 문제가 출제되었다고 합시다. C군은 다음과 같이 답을 썼다고 합시다.

　　I like summer best.

당신이 채점한다고 하면 몇 점 주겠습니까? 문법적으로는 아무런 문제가 없습니다. 다시 말하지만 자유영작문은 당신의 「발신능력」과 「자기주장능력」이 영어로 어느 정도인지 시험하기 위한 것입니다. 예를 들어, 당신이 미국인 친구와 이야기하고 있을 때 그 친구가 「무슨 계절 좋아해?」라고 물었어요. 「여름이야.」라고만 대답하는 것과 「물론 여름이지. 겨울은 춥잖아. 하지만 여름은 정말 좋은 게 여행하다 밖에서 그냥 자도 괜찮지 바다에서 수영도 할 수 있지, 무엇보다 해가 길어서 하루를 효과적으로 사용할 수 있잖아.」라고 대답하는 것과는 어느 쪽이 「발신능력」·「자기주장능력」이 높다고 할 수 있을까요?

가점방식이란 바로 그런 것이지요. 논술의 채점과 마찬가지라 생각하면 됩니다. 논술을 채점할 때도 오자나 탈자는 감점대상이 되겠지만 오자나 탈자만 없으면 모두 만점을 받을 수 있는 걸까요?

자유영작문의 경우는 채점관에게 어필될 수 있는 답안을 쓰는 연습을 해야 합니다.

Part 3에서는 One Paragraph Essay라고 하는 50~80단어정도의 비교적 짧은 에세이를 자유영작하는 유형(현재 일본에서 입시의 주류를 이루고 있음)과 자신의 나라의 풍속이나 속담 등을 외국사람에게 설명하거나 편지를 쓰거나 혹은 그림을 설명하는 유형, 그리고 마지막으로 200단어 정도의 본격적인 에세이, 즉 Multi Paragraph Essay를 쓰는 유형을 각각 연습하도록 합시다.

Lesson 01

One Paragraph Essay 쓰는 방법

세 문장으로 써라!

입시에서 출제되는 자유영작문에서 자주 나오는 패턴의 하나는 주어진 테마에 대한 자신의 생각을 50~80단어 정도의 영문으로 쓰라는 것입니다. 이것은 One Paragraph Essay(한 단락정도의 분량인 에세이)라고 해서 모든 유형의 자유영작문의 기초가 되는 것입니다.

학교 교과서에 실린 문장의 단어수를 한번 세어보세요. 대충 한 문장이 20개 정도의 단어로 이루어져 있을 것입니다. 그렇다면 세 문장을 쓰면 50단어 정도가 될 것입니다. 바로 세 문장이라는 점이 매우 중요합니다. 나중에 자세히 살펴보겠지만 세 문장은 자신의 의견을 어느 정도의 설득력을 가지고 상대방에게 전하는 데 필요 충분한 수가 됩니다.

세 문장의 구성을 생각하라!

그럼 세 문장을 어떻게 구성하면 좋을까요? 좀 전의 예제를 다시 한 번 생각해 봅시다. "Which season do you like best?"라는 문제에 대해 "I like summer best."라는 답안은 물론 0점입니다. 여기까지 심하지는 않더라도 다음과 같은 답안은 자주 볼 수 있습니다.

답안 예 1
I like summer best because in summer we can swim in the sea.

어떻습니까? 첫 번째 문제는 단어수가 지정한 것보다 많이 모자란다는 겁니다. 13단어 밖에 없습니다.

「이걸로는 안 돼. 그건 알지만 자신의 의견 쓰고 그 이유 쓰고나니 더 이상 쓸 말이 없어졌는 걸.」하며 곤란해하게 됩니다. 그러다 「그래, 헤엄치는 건 바다에서만 하는 게 아니지, 풀장도 있고 그리고 긴 여름방학이 있다는 것도 이유가 되잖아.」하며 사족이라고 밖에 할 수 없는 내용을 앞의 문장에 이어서 아래와 같이 만들어버리는 겁니다.

답안 예 2
I like summer best because in summer we can swim in the sea and in the swimming pool. And also we have a long vacation in summer.

이쯤 되면 「겨우 27단어로 만들었네. 그래도 아직 반이 모자라! 하지만 더 이상 못쓰겠어.」라고 생각하겠지요? 그러나 이 뒤에 설사 무슨 말을 붙여 문장을 이어 가더라도 고득점은 기대하기 어렵습니다.

왜냐하면 〈답안 예 1〉과 비교해서 〈답안 예 2〉에는 「풀장」과 「여름방학」이라는 단편적인 어구가 나열되어 있을 뿐 본질적인 차이는 없기 때문입니다.

〈답안 예 1〉이 10점 만점에 2점을 받는다고 하면 〈답안 예 2〉는 조금 더 보태서 3점정도 될까요? 다시 이야기하지만 자유영작문은 가점방식입니다. 채점관에게 어필하지 않으면 낮은 점수 밖에 받을 수 없습니다.

아이들이 이런 식으로 이야기하지요? 「음~~여름 좋아해. 왜냐면 풀장에서 수영도 할 수 있지. 그리고 바다에서도 수영할 수 있고, 음~~그리고~~참 여름방학도 있잖아.」이런 식으로요. 여러분은 면접시험 같은 걸 보면서 이런 방식으로 말합니까? 그렇지 않지요? 네, 바로 그겁니다.

불과 세 문장이지만 나름대로의 구성과 계획이 필요하다는 것 알겠지요? 그럼 탄탄한 구성과 계획으로 만들어진 답안은 어떤지 살펴봅시다.

답안 예 3

I like summer best. It is because in summer, thanks to its high temperature and long daytime, we can enjoy various activities, such as swimming, going on a hike and so on. So I don't believe I am the only person that prefers summer to winter. (46 words)

우리말 번역 ▶ 저는 여름을 가장 좋아합니다. 여름에는 기온이 높고 낮의 길이가 길어서 수영이나 하이킹 등의 여러 가지 활동을 즐길 수 있기 때문입니다. 그래서 저는 제가 겨울보다 여름을 더 선호하는 유일한 사람인 것 같지는 않습니다.

답안 예 4

I like winter best. You may say winter is not a good season because it is too cold. However, because it is cold, as you say, we can enjoy winter sports like skiing, skating. So I don't hate winter; rather, I really like it. (44 words)

우리말 번역 ▶ 저는 겨울을 가장 좋아합니다. 겨울은 너무 추워서 좋은 계절이 아니라고 당신은 말할지도 모릅니다. 하지만 당신이 말하는 대로 춥기 때문에 우리는 스키나 스케이트와 같은 겨울철 스포츠를 즐길 수 있는 것입니다. 그래서 저는 겨울을 싫어하지 않습니다. 오히려 겨울을 정말 좋아합니다.

두 가지 답안을 예로 들었습니다. 어때요? 우선 둘 다 개선의 여지가 있다는 점 미리 말해 둘게요(그 점에 대해서는 나중에 다루겠습니다). 하지만 둘 다 세 문장을 효과적으로 사용하고 있다는 점 알 수 있겠습니까?

위의 두 답안의 예는 모두 비슷한 구성으로 되어 있습니다.

제1문   Topic Sentence (주제 문장)

짧은 에세이일 경우에는 맨 먼저 자신의 주장을 쓰는 것이 좋습니다. 그 문장을 Topic Sentence(주제 문장)라고 합니다. 이번에는 「어떤 계절을 가장 좋아하는가?」가 문제이므로 당연히 Topic Sentence도 〈답안 예 3〉과 같이 「여름이 좋다.」가 되거나 〈답안 예 4〉와 같이 「겨울이 좋다.」가 되는 것입니다.

조심해야 할 점은 Topic Sentence에는 다른 방해되는 요소를 붙이지 말아야 한다는 것입니다. 〈답안 예 1〉, 〈답안 예 2〉를 다시 한 번 살펴주시면, Topic Sentence에다 because절로 이유가 붙어있습니다. 이것이 모든 잘못의 시작이었던 것이지요.

Topic Sentence는 순수하게 주제만을 써야 하며 거기에 이유 등을 붙이게 되면 자신의 주장이 명확하게 부각되지 않은 데다 구성이 산만해져 더 이상 무슨 말을 써야 할지 모르는 지경이 되므로 주의해서 반드시 피하도록 합시다.

제2문   Support (보충 문장)

제1문에서 자신의 주장을 했으면 이번에는 그 주장을 보강해서 설득력을 높여야 합니다. 그런 역할을 하는 문장을 Support(보충 문장)라고 합니다.

〈답안 예 3〉에서는 「수영이나 하이킹을 할 수 있기 때문」이라고 자신의 주장의 이유를 썼습니다. 이처럼 이유를 제시하는 것도 효과적인 Support입니다. 하지만 이런 에세이를 쓸 때 대부분의 학생들은 자신의 주장을 쓰고난 후 그 이유를 because를 써서 쓰고 싶어하지만 Support는 꼭 because를 써야만 하는 것은 아닙니다.

자세한 것은 나중에 함께 연습하겠지만 「최근 담배를 피우는 여성이 늘어나고 있다.」라는 Topic Sentence 뒤에 「우리 옆집 아줌마도 매일 담배를 문 채 쓰레기를 버리러 나온다.」와 같이 실제로 예를 드는 것도 Support이며 「최근의 여론조사에 따르면 여성흡연자는 60%를 차지하고 있다.」라고 통계적인 수

치를 제시하는 것도 Support입니다. 그 중에서도 특히 많은 예가 〈답안 예 4〉와 같이 양보를 쓰는 것입니다.

다시 한 번 살펴봅시다. 「당신은 겨울이 추워서 싫다고 할지도 모릅니다.」의 부분입니다. 양보란 다르게 말하면 반론을 먼저 짚어주는 것입니다. 그리고 먼저 그 반론에 「하지만...」이라고 다시 반론을 제시함으로서 독자가 납득할 수밖에 없게 만들어 버리는 것입니다. 이것이 매우 효과적인 Support입니다.

제3문 Reworded Topic Sentence (주제 문장 되풀이)

이제 셋째 문장입니다. 〈답안 예 3〉에서는 「따라서 제가 여름을 겨울보다 좋아하는 유일한 사람 같지는 않습니다.」, 〈답안 예 4〉에서는 「그래서 저는 겨울을 싫어하지 않습니다. 오히려 겨울을 정말 좋아합니다.」라고 되어있습니다. 「결론」인데요, 제1문에서 이미 결론은 쓴 상태입니다. 그것을 약간 표현을 바꾸어서 다시 한 번 주장을 되풀이하고 있는 것입니다. Reworded라고 하는 것은 「다른 말로 듣는」 정도의 의미가 되겠습니다. 다시 한 번 주장을 되풀이함으로서 설득력을 높이고 있는 것입니다.

그럼 실제로 One Paragraph Essay를 쓰는 방법을 연습하도록 합시다.

STEP 1   Topic Sentence를 쓰는 방법

앞에서 이야기했다시피 제1문은 자신의 주장을 나타내는 Topic Sentence 입니다. 여기서는 Topic Sentence를 쓰는 방법을 연습하겠습니다. 예를 들어 "Which season do you like?"라는 물음에, 앞의 〈답안 예 3〉에서는 I like summer best.라고 하는 것이 Topic Sentence가 돼버렸습니다. 〈답안 예 4〉에서도 마찬가지 문장이 되어있습니다. 사실은 이것은 별로 좋은 문장은 아닙니다.

자유영작문은 가점방식으로 채점된다는 것을 기억해 주세요. 세 문장만으로 가능한 한 고득점을 얻어야 하기 때문에 한 문장이라 하더라도 소홀히 할 수는 없습니다. Topic Sentence에서도 채점관에게 보다 강력하게 어필해야만 하는 것입니다.

그러나 "Which season do you like best?" – "I like summer best."라는 문장을 봐서는, 설문의 문장을 긍정으로 고쳐서 거기에다 summer를 더한 것 밖에 없습니다. 이렇게 되면 첫 번째 문장에서는 점수를 포기한거나 마찬가지입니다.

따라서 제1문은 질문에 대답하면서 가능한 한 설문에 사용된 표현은 쓰지 않고 다른 말로 바꿔주는 것이 바람직합니다. 그렇게 해서 영어능력을 어필하는 것입니다.

 Which season do you like best?

① Summer is the best season for me.
② I like summer better than any other season.
③ The season I like best is summer.
④ It is summer that I like best.

①에서는 그저, 단어를 조금 바꿔줬습니다. 「어느 계절이 좋아?」라는 설문에 대해 「좋아한다」라는 동사를 쓰지 않고 「좋은 계절」 a good season을 최상급으로 해서 답했습니다.

②는 최상급을 비교급으로 바꾼 것을 알 수 있습니다.

③은 관계사를 사용했습니다.

④는 강조구문입니다.

이런 것이 바꿔 쓰는 일반적인 방법이라고 생각하시면 됩니다.

그럼 연습해 볼까요?

바꿔 쓸 때 지켜야 할 유의 사항
① 동의어가 되는 다른 단어를 생각한다.
   important → necessary라든지 like to do → want to do 등
② 관계사 · 강조구문을 사용한다.
③ 최상급을 사용한 문장은 비교급 · 동등비교로 한다.

예제 Which country do you like to visit?
(아래 해답의 예를 보기 전에 스스로 많은 해답을 만들어보도록 하세요.)

해답 예
① It would be nice if I could go to Italy.
② I would like to go to Italy more than any other country.
③ The country I want to visit is Italy.
④ It is Italy that I want to visit.

잘 쓰셨나요?

그럼 약간 다른 유형의 설문에 대한 답안도 생각해 보도록 하지요.

예제 Do you think learning English is important?

설문이 일반의문문, 즉 의문사를 사용하지 않은 의문문이 되었지요? 단어를 추가하지 않고 I think learning English is important.라고 긍정문으로 고치기만 하면 일단은 「제1문」이 완성되는 겁니다. 하지만 그걸로는 물론 가산점을 얻을 수 없기 때문에 그만큼 바꿔 쓰는 능력이 더 필요한 것이지요.

「나는 … 라고 생각하다」 정도는 덧붙입시다. 학생들은 이를 I think …라고 쓰기 쉽지만 여러 가지로 다르게 쓸 수 있습니다. 남이 안 쓰는 방법을 써서 어필하도록 합시다.

의견을 말하는 기본패턴
① I am sure that S+V
② In my opinion, S+V
③ I am of the opinion that S+V

그리고 「learning English is important」의 부분도 동명사를 to부정사로 한다든지 important의 동의어를 생각하든지 하면 여러 가지로 바꿔 쓸 수가 있습니다.

① I am sure it is necessary to study English.
② In my opinion, everyone should study English.
③ I am of the opinion that nothing is more important than to study English.

그러면 연습해 봅시다.

연습문제 01

아래의 설문에 대한 「제1문」을 쓰시오.

(1) What kind of sport do you like best?

(2) Some people say that they cannot live without a cellular phone today. Are you for or against this opinion?

(3) Should husbands and wives share housework?

[해답편 p.309]

STEP 2   Support를 쓰는 방법

다음은 제2문을 쓰는 방법이 되겠습니다. 제2문은 Support를 쓴다는 것은 이미 앞에서 이야기했습니다. Support는 앞에서 이야기했듯이 이유나 통계, 예, 양보의 형태로 쓸 수 있습니다.

그러나 그 중 통계는 시험 중에 자료를 찾을 수도 없기 때문에 입시문제의 경우는 쓸 수가 없습니다. 그리고 실제로 예를 드는 것도 One Paragraph Essay에는 그다지 적절한 방법이 아닙니다. 불과 세 문장으로 다 써야 하는데 「여름을 좋아한다. 작년 여름에 친구와 두 번 동해바다로 갔었는데...」라는 식으로 여유 있게 추억담을 늘어놓을 수는 없을 테니까요.

그렇다면 입시의 One Paragraph Essay에서 쓸 수 있는 것은 이유나 양보가 되겠습니다.

각각 어떻게 쓰는지 알아봅시다.

> **양보의 기본패턴**
> ① You may say [think] (that) S+V
> ② It is true (that) S+V
> ③ Of course, S+V
> ④ They say S+V
> ⑤ Most people think S+V

양보란 「그는 분명히 잘 생기기는 했어. 그런데...」라는 느낌을 주는 어법이기 때문에 「흔히 있을만한 반론」을 쓰면 되는 것입니다. 그리고 그 흔히 있을만한 반론은 You may say ... 「너는 ...라 말할지도 모르지」라든지 It is true ... 나 Of course, ... 「물론 ...야」라든지 They say ...나 Most people think...「모두 ...라 생각하는데」와 같은 형태로 이끌어나가면 됩니다.

> **Point** ▸▸▸
> **이유의 기본패턴**
> ① It is because S+V
> ② I think so because S+V

이유를 쓰는 방법에서 주의해야 할 점은 다음과 같이 쓰는 경우가 자주 있다는 것입니다.

- I like summer best. Because in summer we can go swimming in the sea. (×)

Part 1에서 공부했었지요? because는 접속사이므로 두 문장을 잇듯이 사용해야 하는 거라고요. 이런 실수는 많은 학생들이 하기 쉬운 것이니까 주의해 주세요.

하지만 Step 1에서도 썼다시피 Topic Sentence와 Support를 붙여버리는 것은 단락의 구성이란 점에서 볼 때 좋지 않습니다. 따라서, It is because S+V나 I think so because S+V라는 형태가 필요하게 됩니다.

이것으로 제2문 쓰는 법을 두 가지 배워봤습니다. 물론 어느 쪽을 쓰더라도 잘 쓰기만 하면 상관없지만 「양보」를 사용할 것을 권해드립니다. 이유는 간단해요. 몇 번이나 되풀이하지만 자유영작문의 가점방식이기 때문입니다. 가점방식이라는 것은 다시 말하면 채점관에게 어필하는 정도가 강할수록 좋다는 말이 됩니다.

일반적으로 학생들은 자신의 주장을 쓴 후 because를 사용해서 이유를 설명하고자 합니다. 그런 비슷한 답안지를 몇 백장이고 봤을 텐데 그 중에서 「양보」를 사용한 답안이 있으면 매우 돋보일 것입니다. 그런 답안에 나쁜 점수를 줄 리가 없지요.

그럼 실제로 어떻게 쓰면 되는지 살펴봅시다.

예제   Do you think the voting age should be lowered from 20 to 18?

해답예 1   In my opinion, it is reasonable for a person of age eighteen to be able to vote. You may say that such a young person cannot make a sensible decision when voting.

> **우리말 번역** ▶ 제 의견으로는 18세인 사람이 투표할 수 있다는 건 합리적입니다. 당신은 그렇게 젊은 사람은, 투표시 현명한 결정을 할 수 없을 것이라 말할지도 모르지요.

NOTE   make a decision=decide 결정하다
               sensible [adj.] 현명한

해답예 2   I am sure that an eighteen-year-old person is not too young to have the right to vote. I think so because many people begin to work and therefore pay taxes before they are twenty and it is unreasonable for them to have only obligation, not rights.

> **우리말 번역** ▶ 저는 18세인 사람이 투표권을 가지기에는 어린 나이가 아니라고 확신합니다. 왜냐하면 많은 사람들이 20세가 되기 전에 일하기 시작해서 따라서 세금을 내기 시작하기 때문이며 그런 사람들에게 의무만 있고 권리가 없는 것은 불합리하기 때문입니다.

NOTE   reasonable [adj.] 합리적인
               obligation [n.] 의무

어때요? 요령을 알겠어요? 위의 해답의 예에서 둘 다 「제1문」을 어떻게 바꿔 썼는지에 주목해 주세요. 그리고 「제2문」은 〈해답 예 1〉에서는 양보를, 〈해답 예 2〉에서는 이유를 Support로 쓰고 있습니다. 어떻게 쓰겠냐고 여러분은 말할지도 모르지만 그것은 연습을 얼마나 하는지에 달렸다고 봅니다(어, 「여러분은 말

할지도 모르지만」이 양보가 되지요).

그럼 스스로 연습해 보세요.

연습문제 02

다음은 각각의 설문에 대해 제1문까지 씌어져 있습니다. 지시에 따라서 제2문(양보와 근거 두 개씩)문장을 이어 쓰시오.

[설문1]

Do you think it is necessary to teach English in elementary school in Korea?

- [제1문] In my opinion, elementary schoolchildren in Korea should not be made to learn English.
- [제2문] (영어가 국제어라는 것은 사실이며 그것을 배우는 것은 중요하다.)
- [제2문] (한국의 초등학생들은 이미 학교에서 많은 것을 배우고 있으며 또 다른 부담을 지우기는 어렵다고 생각한다.)

[설문 2]

Some people say publicity of cigarette companies on TV should be banned. Do you agree with this opinion?

- [제1문] In my opinion, it is not necessary to prohibit cigarette companies from advertising their products on TV.
- [제2문] (물론 흡연은 건강에 해롭다.)
- [제2문] (텔레비전 광고를 보든 안 보든, 담배를 살지 안 살지는 소비자 스스로가 결정하기 때문이다.)

[해답편 p.309]

STEP 3 Rewarded Topic Sentence를 쓰는 방법

자, 그럼 드디어 마지막 문장을 쓰는 법으로 들어갑니다. 이 마지막 문장은 처음에 이야기했듯이 제2문의 Support를 받아 제1문에서 쓴 자기 주장을 약간 형태를 바꿔서 다시 한 번 되풀이하는, 말하자면 「굳히기」의 역할을 하고 있습니다. 그럼 Step 2에서 중간까지 쓰다 만 예문을 이용해서 살펴보도록 하겠습니다.

예제 Do you think the voting age should be lowered from 20 to 18?

해답예 1 In my opinion, it is reasonable for a person of age eighteen to be able to vote. You may say that such a young person cannot make a sensible decision when voting. However, many young people under twenty live on their own making various decisions everyday, and so there is no reason to think that they cannot vote sensibly. (60 words)

우리말 번역 ▶ 제 의견으로는 18세인 사람이 투표할 수 있다는 건 합리적입니다. 당신은 그렇게 젊은 사람은, 투표시 현명한 결정을 할 수 없을 것이라 말할지도 모르지요. 하지만 20세 이하인 많은 젊은이들이 스스로 다양한 결정을 하면서 생활하며 그래서 그들이 분별 있는 투표를 할 수 없다고 생각할 이유가 없습니다.

이와 같이 제2문에서 양보를 Support로 사용했을 때는 제3문에서는 먼저, 전반부에서 그 양보를 부정하고 후반부에서 자신의 주장을 되풀이하게 됩니다. 기본적 영작 패턴을 정리해 둡시다.

양보를 부정하는 제3문(전반부) 쓰는 법

① However, S+V .....,

② But S+V .....,

제3문(후반부) 쓰는 법

① ....., and so it is obvious that S+V

② ....., and therefore there is no reason to think that S+V

③ ....., and thus you cannot deny that S+V

이번에는 제2문에서 근거를 표현한 경우입니다.

해답예 2 I am sure that an eighteen-year-old person is not too young to have the right to vote. I think so because many people begin to work and therefore pay taxes before they are twenty and it is unreasonable for them to have only obligation, not rights. <u>So, it is obvious that they should be allowed to take part in politics.</u> (60 words)

우리말 번역 ▶ 저는 18세인 사람이 투표권을 가지기에는 어린 나이가 아니라고 확신합니다. 왜냐하면 많은 사람들이 20세가 되기 전에 일하기 시작해서 따라서 세금을 내기 시작하기 때문이며 그런 사람들에게 의무만 있고 권리가 없는 것은 불합리하기 때문입니다. <u>그래서 그들의 정치참여가 허락되어야 한다는 것은 자명합니다.</u>

이 경우에는 제2문을 부정할 필요가 없기 때문에 결국은 앞에 나왔던 제3문 후반부와 비슷한 방법으로 쓰면 됩니다.

그럼 실제로 연습해 봅시다. 우선 연습문제 2에서 제2문까지 써둔 것을 마저 끝냅시다. 그리고 나서 처음부터 끝까지 스스로 써보는 겁니다.

이런 에세이를 쓰는 형식은 일본의 입시에 도입된지 얼마 안 되었고 대학별로 어떤 문제를 출제할지 아직 모색하고 있는 단계입니다. 그렇기 때문에 비슷한 주제가 여러 대학에서 몇 번이나 중복 출제되고 있습니다. 컴퓨터, 인터넷, 휴대전화(cellular phone), 영어의 유용성, 주입식 교육(cramming education), 깡패/불량배(bully) 등은 자주 출제되는 주제입니다.

연습문제 03

각각의 설문에 대해 「제3문」을 쓰시오. (연습문제 2에서 계속).

〔설문 1〕

Do you think it is necessary to teach English in elementary school in Korea?

〔제1문〕 In my opinion, elementary schoolchildren in Korea should not be made to learn English. It is true that English is the language spoken most widely in the world, and that mastering it is essential for us Korean.

〔설문 2〕

Some people say publicity of cigarette companies on TV should be banned. Do you agree with this opinion?

〔제1문〕 In my opinion, it is not necessary to prohibit cigarette companies from advertising their products on TV. I think so because it is customers who decide whether to buy cigarettes or not and cigarette companies cannot force them to buy them.

[해답편 p.310]

연습문제 04

각각의 주제에 관해 50~80개 정도의 영단어로 자신의 의견을 쓰시오.

(1) What I want to do in my college life.

(2) Today many Korean college students have a part-tome job. What do you think about it?

(3) The Korean school year should be changed so that it begins in September and ends in June.

[해답편 p.310]

Lesson 02 다양한 형태의 자유영작문

한국적인 현상(속담, 관용구 등)을 설명한다.

자유영작문에서 짧은 에세이 쓰기와 함께 자주 출제되는 것이 속담이나 습관을 외국 사람들에게 알기 쉽게 설명하는 문제입니다.

Lesson 1에서 했던 짧은 에세이와 비교하면 매우 편한 겁니다. 설명의 패턴과 사용되는 표현만 익혀두면 아무 문제없을 것입니다.

예를 들어, 「돼지에 진주」라는 관용구(원래는 성서에 나오는 말이지만)를 생각해 봅시다. 말 그대로 「돼지에게 진주를 주다」라는 것입니다. 그러나 물론 실제로는 「고가의 상품을 그 가치를 모르는 사람이 가지고 있다」라는 뜻입니다.

「벚꽃놀이」는 어떨까요? 일본의 경우 「놀다」라는 말 그대로, 모여서 꽃도 보고 이야기도 하고 술도 마십니다.

어쨌든 「특정국가의 현상」에 한정되는 것은 아니지만 어떤 민족의 고유한 것은 단순한 정의로는 다 수용하지 못할 정도의 다양한 민족특유의 것을 포함하고 있습니다. 그 점을 잘 설명해주는 것이 포인트입니다.

그럼 실제로 「돼지에 진주」라는 관용구를 설명해 봅시다.

답안 예 1

> This idiomatic expression literally means giving a pearl to a pig. But in practice it implies some valuable object is possessed by a person who doesn't deserve it. For example, we use this expression when a millionaire who has no eye for the fine arts has bought a Picasso.

우리말 번역 ▶ 이 관용구는 말 그대로 돼지에게 진주를 주는 것을 의미합니다. 그러나 실제로는 이것은 어떤 가치있는 것이 그 가치에 어울리지 않는 사람에 의해 소유되고 있음을 의미합니다. 예를 들어 예술에 대한 안목이 없는 거부가 피카소의 작품을 샀을 때 우리는 이 표현을 사용합니다.

> **NOTE** idiomatic expression 관용구   deserve ~할 가치가 있다
> millionaire 백만장자, 부자

어때요? 말 그대로의 의미와 실제 용법간의 차이가 뚜렷이 나타나 있지요? 이 답안에서 사용되었던 중요한 표현을 잠깐 확인해 둘까요?

"literally"는 「말 그대로」라는 뜻의 부사입니다. 해답과 같은 이야기를 할 때 빠질 수 없는 단어겠지요. 그러니 잘 기억해둘 필요가 있겠습니다. 다음 문장에 있는 "in practice"「실제로는」라는 부사구가 대비되어 있습니다. "in fact"도 「실제로는」의 뜻이므로 이것을 사용해도 무방합니다.

그리고 "mean"「의미하다」는 어법을 체크해 둡시다. "mean"은 that절이나 ~ing를 목적어로 취합니다.

- "Pigon-hada" means being tired.
- "Pigon-hada" means that you are tired.
  「피곤하다」라는 말은 지쳐있음을 의미합니다.

즉, 절대로 to부정사를 목적어로 해서는 안 되는 것입니다. "mean to+동사원형"은 「~할 것이다」라는 의미가 됩니다.

- I meant to say hello to him.
  나는 그에게 인사하려고 생각했었다.

그리고 두 번째 줄에서 사용된 "imply"라는 동사는 「의미하다」라는 뜻으로, mean과 거의 비슷하게 쓰이므로 mean으로 대용할 수도 있지만 같은 단어를 반복 사용하는 것은 피하는 것이 좋다는 점과, "imply"는 원래 「단어 속(-im)」

에 「포함되어있다(-ply)」라는 식으로 어원적으로 성립되는 말인 점에서도 알 수 있듯이 조금 더 깊은 뜻을 나타내는 데 사용되는 경우가 많기 때문에 여기서는 mean 대신에 사용되었습니다.

마찬가지로 「벚꽃놀이」를 설명해 볼까요?

답안 예 2

> "Hanami" is a Japanese tradition. It literally means watching blossoms but in practice it implies their way of celebrating the coming of spring by holding a party under cherry trees in full bloom.

우리말 번역 ▶ 하나미(벚꽃놀이)는 일본의 전통입니다. 그것은 문자 그대로 「벚꽃을 보다」라는 의미지만 실제로는 활짝 핀 벚꽃 나무 아래서 잔치를 열면서 봄이 오는 것을 기뻐하는 그들의 축하방식을 의미합니다.

「돼지에 진주」와 똑같이 쓸 수 있음을 알 수 있을 거예요. 그럼 방법을 정리해 둘까요?

Point

특정국가에 해당되는 현상의 설명
① This proverb[idiomatic expression/tradition] literally means ...
② But in practice it implies ...

그럼 마찬가지로 주어진 문제를 스스로 영작해 봅시다.

연습문제 05

다음 사항에 대해 각각 간결하게 영어로 설명하시오.

(1) 원숭이도 나무에서 떨어지다
(2) 망년회

(3) 식은 죽 먹기

(4) 작심삼일

[해답편 p.311]

그림을 설명하다

이제는 다른 형태의 자유영작문에 대해 살펴봅시다. 그림이나 만화같은 것을 영어로 설명하라는 유형입니다. 특히 일본의 국립대학의 2차시험에서는 이 유형의 자유영작문을 출제하는 대학이 상당히 있습니다.

이러한 유형도 쓰는 방식만 잘 익혀두면 전혀 두려울 게 없습니다. 문제를 하나 볼까요?

예제 Write two or three sentences in English about this picture.

어때요? 그림이 웃기지요? 두 사람이 서로 인사하고 있는 그림인데 인사하다 엘리베이터에 목이 낀 사람이 있지요.

일본사람인 것 같아요. 왜냐하면 일본사람들은 인사를 잘 하잖아요. 그런데 이 인사를 잘 하는 습관을 비꼬는 그림이라고 할 수 있습니다.

앞에서 다루었던 속담이나 습관과 마찬가지로 그림이나 만화에도 표면적인 의미와 「말하고자 하는 핵심」이라 할 수 있는 포인트가 되는 부분이 있습니다.

그리고 그 의미의 「차이」를 잘 표현하는 것이 채점관에게 어필하는 답안이 될지 어떨지가 결정되는 것이지요.

자, 그럼 해답의 예를 볼까요?

답안 예 1
> Two men are bowing to each other, but one of them has his neck stuck in the door of the elevator.

우리말 번역 ▶ 두 남자가 서로 인사를 하고 있는데 둘 중 한 사람이 엘리베이터 문에 목이 끼었어요.

답안 예 2
> I see in this picture two Japanese guys bowing very politely to each other. The one guy, seemingly a typical Japanese office worker, is now on the elevator on his way back after a business negotiation, and the other, who might be his business partner, is just seeing him off in front of the elevator. What is funny is that when they bow, the one on the elevator got his neck stuck in the door.

우리말 번역 ▶ 이 그림에는 두 일본인 남자가 매우 예의바르게 서로 인사하고 있는 것이 보입니다. 전형적인 일본 샐러리맨인 듯한 한 사람은 상담을 마치고 돌아가는 길에 엘리베이터를 탔고 또 한 사람은 아마도 거래처 사람인 듯한데 엘리베이터 앞에서 그를 배웅하고 있습니다. 재미있는 것은 그들이 인사할 때 엘리베이터에 탄 사람의 목이 엘리베이터 문에 낀 것입니다.

NOTE stick-stuck-stuck 찌르다   on one's way back 돌아가는 길에
negotiation 협상·상담

어때요? 말할 것도 없이 〈해답 예 1〉은 그다지 좋은 답이 아니지요. 하지만 여러분이 이제는 쉽게 쓸 수 있을 것 같아요. 〈해답 예 2〉는 모범답안입니다.

〈해답 예 1〉은 어디가 좋지 않았을까요? 말은 되는 내용인데 아까 그림을 잠

시 잊어버리고 이 글만을 읽어보세요. 예제의 그림이 떠올려집니까?

　한 가지 매우 나쁜 점은 「인사하다 목이 끼다」라는 줄거리를 틀림없이 영어로 옮기려는데 급급한 나머지 그 배경설명이 너무나 부족하다는 점입니다. 일본사람이기 때문에 이렇게 인사를 하고 있다는 점과 한 사람이 다른 한 사람을 엘리베이터까지 배웅하러 온 상황이기 때문에 엘리베이터의 문을 사이에 두고 인사를 하고 있는 것이라는 설명이 없으면, 인사를 하고 있다가 왜 목이 끼었는지 전혀 알 수가 없지요.

　그리고 한 가지 또 지적할 것은 「말하고자 하는 핵심」이 명확하지 않다는 것입니다. 「엘리베이터가 있는 데서 인사하다 목이 끼었다」는 것과 「엘리베이터 있는 곳에서 인사를 했다. 그런데 웃기는 것은 목이 끼어버렸지 뭐야!」라는 것 중에서 어느 쪽이 듣고 생생하게 상황을 머리 속에 떠올릴 수 있을까요?

　모든 내용을 한 번에 표현하려고 하지 말고 「말하고자 하는 핵심」은 그것만 따로 독립시켜서 돋보이게 하는 것이 좋다는 겁니다.

　이상과 같은 사항을 명심하고 영작 방식을 정리해 봅시다.

Point

그림의 설명

첫째 줄 ⋯ I see in the picture + O + C
(여기서는 가장 쉽게 그림의 대충의 모양새를 묘사한다. 물론 Part 1에서 배웠듯이 "see" 다음에 that절은 사용하지 말도록.)

둘째 줄 ⋯ I think that S + V / It seems that S + V
등의 어법으로 배경을 설명한다.

셋째 줄 ⋯ The funny point is that S + V
What is funny about S + V
What is interesting is that S + V
등의 어법으로 「말하고자 하는 핵심」을 설명한다.

　그럼 이상의 사항을 기억하면서 연습문제를 해 봅시다.

연습문제 06

다음 그림에 그려져 있는 내용을 영어로 설명하시오. 아래의 어구를 참고로 해서 써도 무방합니다.

(1) today's headlines (2) a newspaper vending machine
(3) the shooting victims (4) the gun-control
(5) the right to bear arms

[해답편 p.312]

연습문제 07

다음 그림에서 재미있는 부분을 80개 내외의 영어단어로 설명하시오.

(1)    (2)

(3)    (4)

(『사키타 일가의 미국체험』에서)

[해답편 p.313]

편지를 쓰다

자, 또 한 가지, 최근에 출제가 늘어나는 경향이 있는 것은 편지를 쓰는 방식의 문제입니다. 이것도 기초적인 영어로 얼마나 의사전달을 할 수 있는지를 시험하기 위한 문제라고 할 수 있습니다.

출제경향은 대개 정해져 있어서 누군가를 집에 초대하기 위한 초대장, 초대를 거절하는 사과의 편지, 외국에 갈 때 정보를 조회하기 위한 조회장, 외국사람에게 자신이나 자신이 사는 곳을 소개하는 등이 주로 나오고 있습니다. 따라서 이런 문제가 출제되는 경향이 있는 대학의 시험을 치르고자 하는 사람은 미리 몇 통 쓰는 연습을 해 두면 확실하게 점수를 얻을 수 있을 테니 지레 겁먹지 말고 연습하도록 합시다.

예제

철수는 친구 John과 그 부인인 Betty를 8월 20일 토요일 저녁식사에 초대하고자 합니다. 그래서 친구가 올 수 있는지 확인하려고 하는데, 철수와 John의 친구인 지환이도 온다는 것, 집을 모르는 그들을 위해 차를 타고 역으로 마중나간다는 것 두 가지 사항을 함께 알리는 편지를 쓰시오.

답안 예

August 10, 2000

Dear Betty and John,
We would like you two to come and have dinner with us on Saturday, August 20. Our friend, Ji-hwan, is also expected to come. I can pick you up at the station. I'm looking forward to hearing from you.

Sincerely yours,
Chul-su

우리말 번역 ▶ 2000년 8월 20일   친애하는 베티와 존에게
토요일에 두 분이 오셔서 저녁식사를 함께 할 수 있으면 합니다. 우리의 친구인 지환이도 오기로 되어있습니다. 역까지 차로 모시러 가겠습니다. 답장 기다리겠습니다.

철수

편지에는 규칙이 있습니다. 날짜를 오른쪽 상단에 쓰고, 마지막으로 자신의 이름을 서명하며 처음 인사와 마지막 인사를 쓰는 것입니다. 시험문제에서는 이러한 것들은 이미 답안지에 인쇄되어 있어서 수험생들은 본문만 쓰면 되게 되어 있습니다. 하지만 쓰는 법은 일단 익혀둡시다. 위의 해답의 예를 보고 쓰는 법을 그대로 사용하면 되겠습니다.

그 이외의 사항에 대해서는 단도직입적으로 필요한 사항만을 쓰면 됩니다. 더위나 추위를 언급하는 계절에 관한 인사말 같은 것도 물론 필요없습니다.

초대장을 쓰는 법

① 사람을 초대하는 말 … I would like you to ~
　　　　　　　　　　　　Would you like to ~?
② 답장을 기다린다는 말 … I am looking forward to hearing from you.

친구인 John에게서 철수에게 4월 1일에 파티를 하는데 초대하는 편지가 왔습니다. 하지만 철수는 그 날 선약이 있어 갈 수가 없습니다. 거절의 편지를 영어로 쓰시오.

답안 예

March 30, 2000

Dear John,

I regret to say that because of a previous engagement I cannot accept your kind invitation to the party on April 1st. Thank you for thinking of me.

　　　　　　　　　　　　　　　　　　Sincerely yours,
　　　　　　　　　　　　　　　　　　Chul-su

우리말 번역 ▶ 친애하는 존에게

안타깝게도 선약이 있어 4월 1일의 파티에 오라고 한 너의 친절한 초대에 응할 수가 없어. 나한테 마음써 줘서 고마워.

　　　　　　　　　　　　　　　　　　　　　　　철수

거절하는 편지도 단도직입적으로 쓰면 됩니다. 하지만 거절과 함께 초대해 준 데에 대한 감사의 말도 빠뜨려서는 안 되겠지요. 우리말식으로 하면 「초대해줘서 고마워. 하지만 못 가.」라는 식으로 먼저 감사의 말을 전하고 그 후 거절하는 것이 보통이지만 영어로 쓸 때는 먼저, 가장 중요한 「가지 못한다」는 거절의사를 밝히고 나서 그 뒤에 초대해 준 데 대한 감사를 표시하는 것이 보통입니다.

Point
거절하는 방법
① I regret to say that S+V ··· 아쉽게도 ~을 전해야 합니다
② I am afraid that S+V ··· 안타깝게도 ~합니다
③ I apologize for ~ing ··· ~하는 것을 사과드립니다

어떤 것을 사용해도 기본적으로는 상관없지만 ①, ②는 「유감이다, 아쉽다」라는 뜻입니다. ③은 「자신의 죄를 인정하다」의 뜻입니다. 만약 초대에 응하기로 했는데 나중에 번복해야 한다면 ③의 표현을 써야 할 것입니다. 하지만 이번 예에서는 초대받은 쪽의 스케줄은 전혀 고려하지 않고 받은 초대이기 때문에 그 결과 스케줄이 안 맞아 못 가게 되었다는 것이기에 초대받은 쪽이 미안해 할 필요는 없습니다. ①, ② 둘 중 하나가 이번 예제에 맞는 것입니다.

Point
초대를 거절하는 방법
① have a previous engagement[appointment]   선약이 있다
② be busy with + 명사[in ~ing]   ~로 바쁘다
③ have a meeting scheduled   회의가 예정되어있다

사례
① Thank you for inviting me.   초대해주셔서 감사합니다.
② Thank you for thinking of me.   내게 마음써 주셔서 감사합니다

기타 여러 가지 상황을 다음 연습문제에서 연습해 보도록 합시다.

연습문제 08

당신은 최근에 미국에 사는 고등학생 Patrick과 펜팔이 되었습니다. 그가 보내온 편지를 보면 그가 당신이 사는 곳에 관심을 가지고 있는 듯합니다. 그에게 당신이 사는 곳을 소개하는 편지를, 아래의 문장에 이어 쓰시오. 단, 아래의 항목들을 반드시 넣어야 하며 그 순서는 바뀌어도 상관없습니다.

① 장소 및 서울역이나 인천국제공항에서의 교통수단
② 기후
③ 동네의 크기 · 인구 등
④ 향토의 특색 있는 행사나 풍습, 요리
⑤ 그 동네의 좋아하는 점, 싫어하는 점

February 26, 2000

Dear Patrick,

   Thank you for your letter. Seeing that you are interested in my hometown, this time I'd like to write something about it.

[해답편 p.313]

연습문제 09

당신은 호주에 있는 통신판매회사에 고가의 스웨터를 주문했습니다. 그러나 상품이 도착했을 때 그 상품이 당신이 주문했던 것과 틀리다는 것을 알았습니다. 사이즈나 색상, 무늬도 달랐으며 겨울 스웨터를 샀는데 받은 것은 여름 셔츠였습니다. 아래의 항목들을 포함시켜 항의하는 편지를 쓰시오. 세부 기술에 대해서는 당신의 상상력을 마음껏 발휘해서 쓰도록 하시오.

① 주문한 스웨터의 특징(사이즈, 색상, 무늬, 재질 등)
② 도착한 셔츠의 특징(사이즈, 색상, 무늬, 재질 등)
③ 원래 주문했던 스웨터로 다시 보내도록 요청
④ 받은 셔츠는 되돌려 보낸다는 것

February 25, 2000

Customer Service Department
Fashion International, Ltd.
2120 Stuart Street
Valley Park, Victoria 3978
Australia

[해답편 p.314]

Lesson 03 | Multi Paragraph Essay로 다가가기

자, 오랫동안 계속해 왔던 영작문 수업도 이번이 마지막입니다. 마지막으로 가장 힘든 Multi Paragraph Essay를 쓰는 법에 대해 살펴봅시다.

Multi Paragraph Essay란 Part 3의 Lesson 1에서 다루었던 One Paragraph Essay를 기초로 해서 더 복잡한 긴 에세이가 되겠습니다.

글자수로 말하면 100단어 이상 200단어 정도로 쓰시오라는 식의 문제가 여기에 해당됩니다. 이렇게까지 어려운 문제를 출제하는 대학은 많지 않습니다.

일본의 경우, 동경외어대학을 비롯해서 난관이라고 불리는 국립대의 전기시험, 그리고 상당수의 일본의 국공립대학의 후기시험에서 출제가 되고 있습니다.

분량이 많은 만큼 배점도 높아져서(배점을 공개하고 있는 대학에서는 전체의 30%정도로 배점되어 있는 곳도 적지 않습니다)게다가 학생들의 영어실력에 따라 점수차도 쉽게 벌어지기 때문에 이런 문제가 과거에 출제된 적이 있는 대학에 들어가고자 하는 학생들은 충분한 대책을 세워둘 필요가 있겠습니다.

우선 어떤 식의 문제인지 살펴볼까요.

다음 문장을 읽고 자신의 느낌이나 의견을 100~200단어의 영문으로 쓰시오. (자전거는 대단히 환경친화적인 교통수단으로서 인기가 있지만 남의 자전거를 태연히 훔쳐가는 사람이 있다. 게다가 그런 사람은 거의 죄의식을 가지고 있지 않다.)

답안 예 **1**

It is not unusual to have your bicycle stolen in Korea and, in my opinion, the owner of bicycle is also to blame for it.

It is true that, even if few feel very guilty when stealing a bicycle, it is a crime and those who steal should rightly be accused of it.

But is it possible for those whose bicycles are stolen to escape the blame for it? Take an example. If you leave a bundle of bank note in the waiting room of a station because you want to go to the toilet and you find it stolen when you come back, then can you claim that you are not to blame for the theft? No. In a sense, you have provoked the theft.

Now most train stations in urban areas in Korea have bicycles left by commuters. And those bicycles illegally occupy the space for pedestrians to walk. So it seems to me obvious that those commuters have no right to accuse the bicycle thieves. (169 words)

우리말 번역 ▶ 한국에서 자전거를 도둑맞는 것은 흔히 있는 일이며 자전거를 도둑맞는 데는 자전거 주인에게도 책임이 있다는 게 내 생각이다.

자전거를 훔칠 때 죄의식을 느끼는 사람이 적다고는 해도 그것은 범죄이며 훔친 사람은 기소되어야 한다는 게 사실이다.

그러나 도둑맞은 사람은 그 비난을 벗어날 수가 있을까? 예를 들어보자. 만약 당신이 화장실에 가고 싶어서 역의 대합실에 지폐 뭉치를 놔두었는데 되돌아와서 보니 이 뭉치돈이 도둑맞은 것을 발견했다고 해도 당신은 그 도난에 대해 책임이 없다고 주장할 수 있는가? 할 수 없다. 어떤 의미에서는 당신이 그 범죄를 일으킨 것이다.

현재 한국의 도시에 있는 많은 기차역에서는 출퇴근자들에 의해 자전거가 방치되어 있으며 그 자전거들은 보행자들의 통로를 불법적으로 점거하고 있다. 그런 출퇴근하는 사람들은 자전거 도둑을 제소할 권리가 없는 게 명백한 것으로 내게는 보인다.

NOTE | a bundle of bank note 지폐 뭉치   theft 도난
provoke (사건 등을) 일으키다   commuters 출퇴근하는 사람들

Lesson 1에서 배웠던 것에 비하면 훨씬 복잡하고 분량도 상당히 많다는 것을 알 수 있을 것입니다. 하지만 〈해답 예 1〉 중 밑줄이 그어져 있는 부분만 다시 한 번 읽어보세요. 그럼 Lesson 1에서 배웠던 것과 똑같은 "Topic Sentence → Support Sentence → Reworded Topic Sentence"라는 구조가 되어있음을 알 수 있습니다. 즉, 분량이 많아지더라도 논지를 풀어가는 방식은 전혀 변함이 없다는 점을 알아두세요.

단, 분량이 늘어나는 건 사실이니까 Lesson 1에서 했던 것과 달리 단락을 제대로 나누도록 합시다. 단락을 제대로 나누면 문장을 전체적으로 읽기 쉽게 해주며 문장이 논리적으로 탄탄하게 구성되어 있다는 것을 읽는 사람에게 어필할 수 있습니다.

〈해답 예 1〉에서 단락 나누기는 아래와 같이 되어 있음을 알 수 있습니다.

제1단락 ... Topic Sentence
    (자전거를 방치하는 사람에게도 책임)

제2단락 ... Support Sentence
    (도난이 죄인 것은 사실이지만)

제3단락 ... Reworded Topic Sentence 1
    (자전거의 방치는 사회문제)

제4단락 ... Reworded Topic Sentence 2
    (자전거를 방치하는 사람이 잘못했다)

구성상에서 보면 One Paragraph Essay와 완전히 같고, 그것을 단락으로 나누었을 뿐이라는 것을 알 수 있지요. 하지만 단락을 나누는 것만으로는 단어 수는 늘어나지 않습니다. 어떻게 해서 이번 답안은 길어졌을까요?

큰 이유 중 하나는 Support로서 예를 들었다는 것입니다. 〈해답 예 1〉의 제3단락의 "Take an example."의 뒤는 모두 예를 설명한 부분입니다. 예는 Topic Sentence에서 쓴 자기 주장을 독자가 이해할 수 있게 해주는 상당히 효과적인 수단이 됩니다. 50단어 정도의 글자수 제한으로는 너무 짧아서 예를 드는 여유까지는 없었지만 100단어를 넘어가는 영문을 써야 할 때는 효과적으로 글자수를 채워갈 수 있다는 점에서 예를 드는 것은 매우 좋은 방법이라고 하겠습니다.

그렇다면 예는 어떤 식으로 쓰면 좋을까요? 예를 쓰는 방법은 두 가지가 있습니다.

먼저 하나는 quick example이라고 하는 것입니다. 아래의 예를 봐주세요.

- I like winter sports; for example, skiing, skating and so on.
  저는 겨울 스포츠, 예를 들면 스키나 스케이트를 좋아합니다.

이와 같이 "for example"「예를 들면」이라든지 "such as"「~와 같은」이라는 표현을 사용해서 예를 짧게 열거하는 것이 quick example입니다. 예를 든다고 하면 이 방식을 떠올리는 사람이 많은 것 같습니다. 이 방식도 물론 간단명료하고 좋은 것이기는 한데 이것만으로는 스키의 어떤 점이 좋은지, 스케이트의 어디가 좋은지를 알 수가 없습니다.

이번에 「예를 사용하자!」고 하는 것은 글자수를 충분히 채워가면서 자신의 의견을 다른 사람에게 이해시키기 위한 것이므로 그다지 효과적인 방법이라고는 할 수 없지요. 예를 쓰는 데는 한 가지 방법이 더 있습니다. narrative example가 그것입니다. 「나레이션」이라는 말 들어보셨지요? 「나레이션」의 형용사형이 narrative입니다. 그렇다면 「이야기하는 것 같은 예」가 narrative example입니다. 아래의 예를 봐주세요.

- Everything is so expensive in Japan. Take train fares for example. I live in Tokyo and last summer I went to my uncle's on the Shinkansen, who lives in Sendai, about three hundred kilometers away from Tokyo. I could hardly believe it when I heard the fare cost more than ten thousand yen!

일본에서는 모든 것이 너무나 비싸다. 기차요금을 예로 들어보자. 나는 동경에 사는데 지난 여름에 동경에서 300킬로 정도 떨어진 센다이에 사는 삼촌 댁에 신칸센을 타고 갔었다. 나는 그 요금이 만엔이 넘는다는 것을 듣고 거의 믿을 수가 없었다.

이런 것이 narrative example의 전형적인 예입니다. 앞의 quick example 과는 달리 열거만 하는 것이 아니지요? 그리고 단어수는 늘어나지만 자신이 말하고자 하는 바가 생생하게 상대방에게 전달되는 것을 알 수 있습니다.

늘 하는 말이 있으니 기억해 둡시다. "Take an example." 「예를 들어보자」 혹은 "Take ~ for example." 「~을 예로 들자」입니다.

그럼 이것을 포함해서 전형적인 Multi Paragraph Essay의 구성과 늘 나오는 표현에 대해 다시 한 번 정리해둡시다.

> **Point**
>
> **Multi Paragraph Essay의 단락 구성**
>
> 제1단락 … in my opinion, ~ 「제 생각에는」
> 제2단락 … It is true that ~ 「~은 사실이다」
> 제3단락 … But ~ 「그러나」
>   Take ~ for example 「~을 예로 들다」
> 제4단락 … So it is obvious that ~ 「따라서 ~인 것은 분명하다」

narrative example이 매우 효과적이라는 것을 이상과 같이 살펴보았습니다. 그럼 만약에 예를 사용하지 않는다면 어떤 식으로 쓸 수 있을까요? 앞에 나왔던 예제로 또 하나의 해답의 예를 생각해 봅시다.

답안 예 2

It is really regrettable that here in Korea even ordinary people sometimes steals bicycles without feeling guilty. A lot of people think little of it because there are many bicycles abandoned in the streets and such objects can hardly be claimed to be someone's belongings.

However, stealing a bicycle is a, if minor, crime in itself and those who do so should rightly be punished for it. Besides, those who commit such a crime are often young people, and once they succeed in stealing a bicycle and find themselves unpunished for it, they might probably go on to even more serious crimes.
　Therefore, we should not consider bicycle thefts as a minor crime to prevent young people from growing into serious criminals. (122 words)

우리말 번역 ▶ 여기 한국에서 보통 사람들마저도 아무런 죄의식 없이 때로 자전거를 훔쳐갈 때가 있다는 것은 실로 안타까운 일이다.
거리에는 많은 자전거가 방치되어있으며 그런 것들은 누군가의 소유물이라고 주장하기가 어렵기 때문에 많은 사람들이 자전거 도둑을 그다지 중시하지 않는다.
그러나 자전거를 훔치는 것은, 가볍기는 해도 그 자체가 범죄이며 훔치는 사람들은 마땅히 벌을 받아야 한다. 게다가 그런 범죄를 저지르는 사람들은 흔히 젊은이들이며 그들이 한 번 자전거 도둑에 성공해서 벌을 받지 않는다는 것을 알면 그들은 아마도 더 심각한 범죄로 치닫게 될 것이다.
따라서 우리는 젊은 사람들이 중대한 범죄자가 되는 것을 막기 위해 자전거 도둑을 경범죄라고 생각해선 안된다.

NOTE | abandon 포기하다　　　　belonging 소유물

이번에는 예를 전혀 들지 않고 쓴 것입니다.
　제1단락에서는 「자전거 도둑은 안 된다.」라고 자기 주장을 펴고 제2단락에서는 「방치된 자전거는 도둑맞아도 어쩔 수 없다.」라고 양보를 쓴다. 여기가지는 지금까지 배운 대로지요? 그리고 제3단락에서 양보에 대한 반론을 제기하게 되는데 여기가 지금까지 배운 것과는 약간 다릅니다. 「비록 하찮은 것이라도 남의 물건을 훔치면 도둑이다.」라는 당연한 반론과 「자전거 도둑은 더 중대한 범죄로 가는 계기가 된다.」는 약간 비꼬인 반론이 함께 씌어져 있습니다.
　이처럼 두 가지 반론을 씀으로서 설득력도 높아지고 단어수도 채울 수 있는

것입니다.

그럼, 함께 쓸 때의 정해진 문구를 확인해둡시다.

함께 쓰는 방법
Besides, S+V/in addition, S+V 「게다가 ...」

함께 쓴다고 해서 단순하게 두 논점을 나열하고 있는 것이 아니라는 점에 유의하도록 하세요. 아까도 이야기했지만 「작은 범죄라도 죄는 죄다.」라는 흔한 반론이 먼저 오고 그 뒤에 「심각한 범죄로 연결된다.」는 『히든카드』적인 반론이 오게 됩니다. 처음에 「에이, 반론이 겨우 그 정도야!」라고 생각하게 해서 그 뒤에 강도 높게 반박함으로서 상대방의 허를 찌르려는 작전인 것이지요.

보통 작문이라고 하면 자유롭게 자신의 생각을 표현할 수 있는 「자기 표현의 수단」으로 생각되고 있지요? 하지만 구미에서는 작문이 art of persuasion 「설득의 기법」이라 불리고 있는데 이것은 상대방을 논리적으로 꼼짝 못하게 만들어서 자신의 의견에 찬성하게 하는 수단으로 간주되고 있답니다. 저는 개인적으로는 국제화 시대이기도 해서 그들의 방식에 배울 점도 많이 있다고 생각합니다.

축구 같은 스포츠경기에서도 정말 이기고 싶다면 때로는 비열한 수단을 쓰게 될 때도 있지요. 공이 몸에 맞지도 않았는데 몸에 맞은 것 같은 표정을 보이는 것처럼요. 마찬가지로 여러 가지 임기응변적인 수단을 사용해서라도 상대방을 설득해야 되는 겁니다.

그럼 함께 좀 더 연습해 볼까요?

 최근에 수학여행을 해외로 가는 고등학교가 늘어나고 있습니다. 이 현상에 대해 당신의 의견을 150단어 정도의 영문으로 쓰시오.
수학여행을 해외로 가다 go on a school trip abroad

이런 문제가 출제되었다고 합시다. 어떻게 해야 할까요?? 먼저 자신의 태도를 결정합시다. 찬성하는지 반대하는지. 여기서는 찬성한다고 치지요.

그럼 반론을 생각합시다. 「낭비다」라는 게 있겠지요. 상식적인 반론이 되겠습니다.

그에 대해 찬성하는 사람의 입장이라면 어떻게 재반론을 할까요? 단순히 「낭비가 아니다」라는 것도 하나의 반론이 될 수 있지요. 요즘에는 국내여행도 비싸서 동남아시아 같은 곳은 국내여행과 그렇게 차이가 안 나지 싶어요. 그리고 「돈으로 바꿀 수 없는 경험이다.」라는 것도 정당한 반론이 될 것입니다.

이 중에서 narrative example을 쓴다고 하면 어느 쪽이 편할까요? 「외국으로 가는 것이 오히려 싸다.」를 예를 들면 구체적인 경비를 비교해야 하므로 어렵지 않나요? 그렇다면 역시 「돈으로 바꿀 수 없는 경험」의 예를, 거짓이라도 좋으니 자신이 해외에 갔을 때의 경험과 연관지어서 쓰는 편이 더 나을 것 같네요? 그렇다면 두 가지 패턴을 생각할 수 있겠습니다.

해답패턴 01
- 제1단락 … 주장 : 「해외로 가는 수학여행은 좋은 것이다.」
- 제2단락 … 양보 : 「낭비로 느껴질지도 모른다.」
- 제3단락 … 반론 : 「그러나 돈으로 바꿀 수 없는 경험도 있다.」
  예) 「나의 경우」
- 제4단락 … 재주장 : 「해외로 가는 수학여행은 좋은 것이다.」

해답패턴 02
- 제1단락 … 주장 : 「해외로 가는 수학여행은 좋다.」
- 제2단락 … 양보 : 「낭비로 보일지도 모른다.」
- 제3단락 … 정당한 반론 : 「해외로 가는 게 더 쌀 수도 있다.」
  히든카드적 반론 : 「돈으로 바꿀 수 없는 경험도 있다.」
- 제4단락 … 재주장 : 「해외로 가는 수학여행은 좋다.」

어때요? Lesson 1에서도 재차 이야기했었지만 이렇게 먼저 구성을 잘 생각해야 합니다. 여기까지 생각했다면 이제 쉽지요. 여러분이 해 보세요. 두 가지

패턴에 따라 답안을 완성시켜 보도록 하세요.

스스로 잘 쓸 수 있겠습니까? 해답의 예를 보기 전에 스스로 손을 움직여서 써봐야 해요.

답안 예 1

In my opinion, it is quite sensible that these days more and more high school students go abroad on their school trips.

You may say it is too expensive and spending a large amount of money to allow kids a vacation abroad is just too generous an idea.

However, if you consider what you can learn from such a school trip, you have to admit it isn't. Take our high school's trip abroad for example. Our high school has a sister school in Japan and it is a custom for each of us to visit it once during the three years of high school and spend several days with the students there. You will never know how much I was impressed by my visit to Hukuoka. Only when I went there did I really realize that there are other peoples than the Korean on this earth. I think I have become more open-minded since that trip.

So I really want to emphasize that you cannot object to school trips abroad just because they are expensive. (176 words)

우리말 번역 ▶ 내 생각에는 최근 수학여행을 해외로 가는 고등학교가 늘고 있다는 것은 좋은 일이라고 본다.

해외로 수학여행을 가는 것은 너무 비싼 데다 아이들이 해외에서 휴가를 보내게 하기 위해 많은 돈을 쓰는 것은 지나치게 후한 생각이라고 당신은 말할지도 모른다.

하지만 그런 수학여행에서 무엇을 배울 수 있는지를 생각한다면 그렇지 않다는 것을 당신은 인정해야만 할 것이다. 우리 고등학교의 수학여행을 예로 들어 봅시다.

우리 학교는 일본에 자매학교가 있어서 우리 모두 고등학교에서 보내는 3년동안 한 차례, 며칠간을 현지 학생들과 함께 지내는 것이 관행이 되어있다. 내가 후쿠오카를 방문해서 얼마나 강한 인상을 받았는지 당신은 결코 알지 못할 것이다. 그곳에 가고 나서야 비로소 나는 지구상에 한국인 말고도 다른 민족이 있구나 하는 것을 정말로 깨달았다. 그 여행을 다녀온 후 나는 내가 더욱 열린 마음을 가지게 되었다고 생각한다.

따라서 나는 단지 비싸다는 이유만으로 해외로 가는 수학여행을 반대할 수는 없다고 새삼 강조하고 싶다.

NOTE | generous 관대한   impress 인상을 심다

어때요? [해답 패턴 1]대로 구성되어 있음을 잘 확인하도록 하세요.
그럼 [해답 패턴 2]에 따라서 같은 주제로 글을 써봅시다.

답안 예 2

In my opinion, it is quite sensible that these days more and more high school students go on their school trips abroad.

You may say it is too expensive and that spending a large amount of money to allow kids a vacation abroad is just too generous an idea.

However, going abroad is not always so costly as you think. In Korea, the airfare to Thailand can be cheaper than Jeju. In addition, you cannot ignore the educational benefits a school trip abroad can give to the students. Visiting foreign countries and seeing how foreign peoples live will teach them more than a lesson in the classroom can.

Therefore, there is no reason to object to the idea of a school trip abroad. (123 words)

우리말 번역 ▶ 내 생각에는 최근 수학여행을 해외로 가는 고등학교가 늘고 있다는 것은 좋은 일이라고 본다.

해외로 수학여행을 가는 것은 너무 비싼 데다 아이들이 해외에서 휴가를 보내게 하기 위해 많은 돈을 쓰는 것은 지나치게 후한 생각이라고 당신은 말할지도 모른다.
하지만 해외여행은 당신이 생각하는 것만큼 언제나 많은 비용이 드는 것은 아니다. 한국에서 제주도보다 태국행 항공운임이 더 쌀 수도 있다. 게다가 해외로 수학여행을 가는 것이 학생들에게 가져다주는 교육적인 이익은 무시할 수 없다. 외국을 방문해서 외국사람들이 어떻게 사는가를 보는 것은 교실수업이 가르쳐주는 것보다 많은 것을 학생들에게 가르쳐줄 것이다.
따라서 해외로의 수학여행에 대한 생각에 반대할 이유가 없는 것이다.

> **NOTE** | airfare 항공운임　　　　　benefit 이익, 도움이 되는 것

　　이것도 처음에 함께 생각해봤던 계획대로 씌어져 있습니다. 조금 더 상세히 말하면 제3단락의 양보에 대한 반론의 부분, 「해외여행은 그다지 비싸지 않다.」는 반론 뒤에 그 반론을 뒷받침하기 위한 quick example이 따른다는 것(In Korea, the airfare to Thailand can be cheaper than Jeju.), 그리고 「교육적인 이익」이라는 결정적인 반론 뒤에도 그것을 조금 더 상세히 설명하는 보강적인 문장이 이어져있다는 것(Visiting foreign countries ..... in the classroom can.) 등의 유익한 영작기법도 함께 익혀두세요.
　　자, 그럼 이번에야말로 여러분이 스스로 하는 겁니다. 지금까지 배웠던 모든 지식을 총동원해서 아래 연습문제에 대한 훌륭한 합격답안을 작성해 보시기 바랍니다.

연습문제 10

자주 논의되는 것 중에 「학생들은 왜 학교에서 교복을 입어야 하는 가」라는 것이 있습니다. 「고등학생은 교복을 입어야한다(High school students should wear school uniforms.)」라는 주장에 찬성인지 반대인지 당신의 의견을 영어로 쓰시오.

① 100~150개 정도의 영단어로 쓸 것.
② 문장구성에도 주의할 것.
③ 영문을 쓸 때는 이하의 표현을 사용해도 좋습니다. 단, 이 표현들은 참고로 써 놓은 것으로 반드시 사용해야 하는 것은 아닙니다.

> ordinary clothes(clothes of their own choice)/decide what to wear/feel inferior/save money/a member of the group/concentrate on studies/lower student's moral/conformity/school rules/control students/freedom/self-expression/individuality

[해답편 p.315]

연습문제 11

오늘날 자원과 환경을 지키기 위해 재활용의 필요성이 더욱 부각되고 있습니다. 유리와 알루미늄 등 재활용률이 매우 높은 것도 있지만 늘어나는 산업폐기물(industrial refuse)을 우려하는 목소리도 있습니다. 소위 순환형 사회(a recycling society)를 만드는 데 가장 중요한 것은 무엇이라고 생각합니까? 150개 정도의 영어단어를 써서 자신의 생각을 서술하시오.

[해답편 p.316]

연습문제 12

다음 문장을 읽고 생각한 바를 100단어 정도의 영문으로 정리하시오.

　내가 어학을 싫어하는 것은 규칙이라는 것을 원래 불편하게 생각하기 때문이다. 정해진 것을 외우는 것이 원래 서투르고 자기 전화번호도 잠시 안 걸면 잊어버릴 정도다. 이런 사람에게 어학을 익히게 하기 위해서는 방법은 단 한 가지밖에 없다. 어학을 익히면 그가 정말 갖고 싶어하는 것을 가질 수 있다는 믿음을 주는 것이다. 즉, 너무 싫어하는 어학을 익히고 난 뒤에 있는 달콤한 열매에 초점을 맞추는 것이다.

　이 심리용법을 나는 어학 필요악설 혹은 나이프 · 포크설이라 부르고 있다. 어학은 스테이크를 먹기 위한 나이프 · 포크이며 전혀 목적은 아니라는 설이다.

(와카쿠와 미도리 「나의 외국어 이수법」에서)

[해답편 p.317]

해답편

PART 1 예제 해답 ▶ p.285
PART 3 연습문제 해답 ▶ p.309

PART 1 예제 해답

(글 중 페이지수는 본문의 페이지수입니다.)

Lesson 01 [p.20]

(1) When I grow up, I will become a doctor.
   ▶ 어른이 되지 않는 사람은 없으므로 when 대신에 if를 쓰는 것은 맞지 않다.

(2) If the current trend continues, in thirty years, one out of four people will be over sixty-five.
   ▶ 「현재의」는 present도 가능. 「~명 중 ~명」은 out of나 in으로 나타낸다. 이것은 앞의 문제와는 달리 현재의 경향이 앞으로도 지속되는지 확실하지는 않기 때문에 if를 사용한다.
   둘 다 주문장이 제대로 미래형이 되어있는지 확인하도록 하자. 또 when절 안이나 if절 안은 현재형이어야 한다. 때나 조건을 나타내는 부사절 안에서는 미래의 일도 현재형으로 나타낸다는 것은 문법의 기본이다. 몰랐던 사람은 문법 참고서의 「시제」의 항목을 참고하도록.

Lesson 02 [p.23]

(1) He takes the seven thirty bus to go to school. 또는
   He goes to school on[in] the seven thirty bus.
   ▶ 아래 해답 예의 전치사 on[in]에 대해서는 Lesson 39를 참조할 것(➡ p.148). 또한 「타다」에 대해서는 Part 2 「3 타다」의 항목을 참조(➡ p.192).

(2) I don't speak ill of others behind their backs. 또는
   I make it a rule not to speak ill of others behind their backs.

▶ 이 문제는 아마도 「남을 나쁘게 말하지 않는 것」이 습관임과 동시에 그렇게 하도록 노력한다라는 뜻일 테니 습관=현재형을 사용해서 위의 해답 예처럼 써도 좋고, "make it a rule to~"「~하는 것을 습관으로 하다」라는 숙어를 사용해도 된다.
「남을 나쁘게 말하는 것」은 speak ill of + 사람. 여기에다 「등뒤에서」라는 "behind one's back"을 붙이면 「뒤에서 남을 욕하다」라는 뜻이 된다. 입시 등에서 많이 나오는 숙어이기도 하니 만약 몰랐다면 기억해두는 것이 좋다.

Lesson 03 [p.26]

(1) I have been studying German for six years, but because I don't study it constantly, I am still not very good at it.

▶ 「공부하다」는 동작을 나타내는 동사이므로 현재완료 진행형으로 「6년간 계속」이라는 뜻을 나타낸다. 「꾸준히」에서 막혔을지도 모르지만 constantly「끊임없이」로 부정형을 만들면 된다. 「익히다」는 master를 써도 되지만 master는 말 그대로 「완벽」해지는 것이므로 설사 꾸준히 6년간을 공부했다 할지라도 6년 가지고 master할 수 있을 리도 없다. 그래서 be good at~「~을 잘 하다」를 부정형으로 해서 「잘하지 못한다」 정도의 뜻으로 하는 것이 무난할 것이다.

(2) George's brother has lived in the U.S. for five years.

▶ "live"는 상태를 나타내는 동사이므로 보통 진행형으로는 하지 않는다. 그리고 미국은 the U.S.라고 할 것. "America"라고 하면 캐나다나 중남미 국가도 포함될 수도 있어 애매하게 되므로 피할 것. 마찬가지로 「영국」은 "England"라고 하지 말고 the U.K.로 할 것.

Lesson 04 [p.29]

(1) Once you have formed the habit of smoking, it is difficult to break it.

▶ "Once"는 「일단 ~하면」이라는 뜻의 접속사. 만약 몰랐더라도 if를 썼으면

괜찮다.「습관을 들이다」「습관을 끊다」에 대해서는 Part 2의 「12 습관」의 항목을 참조할 것(➡ p.192). 물론 Lesson 4의 포인트인 현재완료형을 제대로 썼는지 확인하자. "Once you formed …"라고 과거형으로 해선 안 된다.

(2) The Internet has enabled us to communicate with people all over the world. 또는 Thanks to the Internet, we can communicate with people all over the world.

▶ 두 문장을 비교해보자. 아래는 "we can"이라고 현재형이 되어있다. 그런데 위쪽 해답 예는 "has enabled …"로 현재완료형이 되어있다. "enable"는 「가능하게 하다」라는 동사이기 때문이다. 인터넷이 전세계 사람들과의 교신을 처음으로 가능하게 한 것은 십수년 전이다. 그 후 현재에 이르기까지 가능한 상태가 지속되고 있다. "Spring has come."이라는 문장의 현재완료형과 같은 의미로 현재완료형이 사용된 것이다. "the Internet"은 보통 대문자로 표시.

Lesson 05 [p.32]

(1) When I was traveling in Jeju last summer, I met a friend by chance whom I hadn't seen for years.

▶ 「여행했다」를 과거진행형으로 나타내고 「만났다」는 과거형으로 나타낸다. 점과 선의 관계이다. 참고로 「오랫동안 못 만났다」의 부분은 과거보다도 더 오래 전의 일이기 때문에 과거완료형으로 나타낸다. "meet"은 우연히 만나는 것, 약속해서 만나는 것 둘 다 의미할 수 있기 때문에 애매하니 「우연히 만나다」라고 할 때는 가능한 한 "meet ~by chance"와 같이 "by chance"「우연히」라는 부사구를 넣어주는 것이 좋다(➡ Part 2 「62 만나다」 p.234 참조). 위치는 문장 맨 뒤라도 좋지만 "meet"를 수식하고 있음을 잘 알 수 있도록 "whom~"의 앞에 두는 것이 더 좋다(➡ Lesson 50 p.186~ 참조).

(2) I received that letter while I was eating breakfast. 또는
I was eating breakfast when I received the letter.

▶ 점과 선만 지키면 특별히 문제는 없을 듯.

Lesson 06 [p.35]

(1) When I left for America in 1955, I thought (that) I would not come back to Korea again in my life.
  ▶「과거에서 본 미래」임을 금방 알 수 있다. "would" 또는 "was going to"를 사용하는 것이 포인트. "When I come back to America ..."라고 해버리면 「미국에 돌아갔을 때」가 되어서 문제의 우리말과는 안 맞는다. "leave for~" 「~을 향해 출발하다」.

(2) Why didn't you tell me (that) you would [were going to] lend me that book?
  ▶ 이것도 「과거에서 본 미래」에 주의.

Lesson 07 [p.41]

(1) I heard someone knock[knocking] on the door in the middle of the night.
  ▶ 여기서의 「듣다」는 「소리를 듣다」라는 뜻이므로 "hear"를 지각동사로 사용해야 한다. 「한밤중」은 "at midnight"가 아니다. 이에 대해서는 Part 2의 「6 한밤중」의 항목을 참조할 것(➡p.194).

(2) He was surprised to hear that she broke her promise.
  ▶ 여기서의 「듣다」는 「소문을 듣다」의 뜻이므로 hear 뒤에 that절을 가져온다. 앞 페이지의 예제 1과 자세히 비교해 보자. 「~해서 놀라다」 부분의 표현에 대해서는 Lesson 47을 참조(➡p.173 ~).

Lesson 08 [p.44]

(1) I was shocked to see many empty cans thrown away on the street.
  ▶ "see"를 지각동사로 사용한다. "see+명사+p.p."형태가 되어있다. 「~해서 충격을 받다」 부분에 대해서는 Lesson 47을 참조(➡p.173 ~).

(2) When the weather gets milder, you see many people lying in their swimsuits on the grass in many parks in London.
> ▶ "when" 대신에 "if"는 쓸 수 없다. "get"「~가 되다」대신에 "become"은 쓸 수 있다. "milder"대신에 "warmer"를 써도 괜찮다. 일반적인 사람을 나타내는 "you"나 "we"를 주어로 해서 지각동사 "see"를 바르게 사용하는 것이 포인트.

Lesson 09 [p.47]

(1) Something is wrong with this watch. It is better to have it repaired. 또는 There is something wrong with this watch. You had better have it repaired.
> ▶「고장나다」「수리하다」의 표현법은 Part 2의「16 고장나있다」의 항목을 참조 (➡ p.201). 자신이 수리하는 사람은 별로 없을 것이기 때문에 상식적으로는 사역동사를 사용한다. 여기서는 have가 가장 적당. "have+명사+p.p."를 써서「시계가 수리될 수 있게 시키다」라고 표현하면 된다.

(2) If you live with your family, you have every chore done by your mother, from cooking to washing. 또는 If you live with your parents, you have your mother wash your clothes and cook your meal.
> ▶ 여러 가지 형태로 쓸 수 있다. 먼저「집에서 살다」를 말 그대로 "live in your home" 등으로 영작하지는 말자.「집」이라는 말이「부모님이 사는 집」이라는 뜻을 나타내는 것은 우리말 특유의 표현이므로 그대로 번역해도「내 집에 살다」가 되어 너무 당연해서 의미가 불분명해진다.「어머니가 하시게 되다」는 사역동사 have를 사용해서「어머니가 식사준비나 빨래를 하시게 시키다」라고 표현하면 된다. 위의 해답 예에서 쓴 "chore"라는 단어는 쓰지 않아도 되는 말이지만「일상의 잡다한 일」이라는 뜻으로, 편리하게 사용할 수 있는 말이니까 외워두자.

Lesson 10 [p.51]

(1) Our hiking was spoiled by a sudden rain. 또는
We had our picnic spoiled by a sudden rain.
▶ 「망치다」는 "spoil"밖에 없다(➡ Part 2 「17 고장내다」 p.202의 항목 참조). 단, 용법이 문제다. 능동태로 쓰면 "A sudden rain spoiled our picnic." 「갑작스러운 비가 야유회를 망쳤다.」가 되므로 수동태로 할 때 주어로 사용할 수 있는 것은 위의 해답 예와 같이 「하이킹」뿐이다. 「우리」를 주어로 하고 싶다면 경험피해동사의 have를 사용할 수밖에 없다.

(2) I thought (that) Korean people were polite. After I came to Korea, my illusion was broken. 또는 I thought the Korean a polite people. After I came to Korea, I had my illusion broken.
▶ 전반부분은 아래의 해답 예와 같이 5형식 문장으로 쓰면 문제는 없지만 위의 해답예처럼 that절을 사용하면 시제 일치에 주의해야 한다(➡ Lesson 49 p.181 참조). 수동으로 쓰는지 경험피해동사를 쓰는지는 앞의 문제와 동일.

Lesson 11 [p.54]

(1) These days every parent wants their children to go to college in a big city.
▶ 「요즘은」은 "these days"나 "nowadays". "recently"는 못 쓴다(Part 2 「2 최근」 p.191의 항목 참조). "want+명사+to부정사"를 쓰고 있다.

(2) We were forced to take a taxi, because we missed the last train.
▶ "be forced to+동사원형" 대신에 "have to"를 써도 된다.

Lesson 12 [p.57]

(1) It has (always) been thought in Korea that working is a good thing.

▶ 수동태의 시제에도 주의한다. 예전부터 지금까지 계속 생각되어 왔다는 것이 므로 능동태로 표현하더라도 "We have (always) thought that S+V"라는 식으로 현재완료로 해야 하며 그것은 수동태도 마찬가지.

(2) A lot of barriers which have divided people are now being taken away by the Internet.

▶ 「지금 제거되려고 하고 있는 것」이기 때문에 수동태라 할지라도 현재진행형으로 쓰지 않으면 이상하게 된다. 관계사절 안에 대해서는 「예전부터 지금까지 계속 사람들을 갈라 놓아왔던」이므로 "have divided"라고 현재완료로 해야 한다. 단, 수의 일치에 주의(➡ Lesson 17 p.72 참조).

Lesson 13 [p.62]

(1) We were not explained to why the train was delayed. 또는
It was not explained to us why the train was delayed. 또는
They didn't explain to us why the train was delayed.

▶ 「설명하다」라는 뜻의 동사 "explain"의 어법이 문제가 된다. 이것은 "explain +사물+to+사람"이 되어 「(사람)에게 (사물)을 설명하다」라는 식이 되는 3형식 문장의 동사이다. 이것을 사용해서 단순히 능동태로 표현하면 맨 마지막의 해답 예처럼 된다. 이것이 가장 간단하고 좋지만 억지로 수동태로 만들면 맨 위 또는 가운데와 같은 두 문장이 된다.

(2) That famous singer's private life was revealed in a magazine. 또는
That famous singer had his private life revealed in a magazine.

▶ "reveal" 「폭로하다」의 목적어는 「사생활」이다. 따라서 수동태로 하면 「사생활」을 주어로 하거나 아니면 「가수」를 주어로 하고 싶다면 경험피해동사인 have를 쓴다.

Lesson 14 [p.65]

(1) The population of China is much larger than that of Korea. 또는
China is much more populous than Korea.
  ▶ 본문에서 본 바와 같이 "population"은 "large"로 수식한다.
  또는 "populous" 「인구가 많은」과 같은 형용사를 쓴다. 즉, The population of China is large.=China is populous.「중국의 인구는 많다.」가 되기 때문에 이를 비교급으로 만들어주면 된다.

(2) The CD was cheaper than I thought. 또는
The price of the CD was lower than I thought.
  ▶ 본문에서 설명했음.

Lesson 15 [p.69]

(1) Some great writers didn't receive formal education. 또는
The number of great writers who didn't receive formal education is not small.
  ▶ 「교육을 제대로 받지 않았던 작가도 있다.」라고 문제를 고쳐 읽으면 쉽다. 주어진 우리말을 그대로 영작하려고 하면 아래쪽 해답의 예처럼 상당히 힘들어진다.

(2) In those days a lot of people liked to listen to classical music. 또는 In those days there were many people who liked to listen to classical music.
  ▶ 아래의 해답의 예와 같이 관계사를 사용하려고 하면 시제 일치에 주의해야 한다. 위쪽의 해답의 예가 더 좋다.

Lesson 16 [p.71]

(1) Few Korean people can make themselves understood in English.

> 「극히 소수의 한국사람 밖에 …않다」라는 식이므로 "Few Korean …"를 주어로 하면 간단하다. 「자유롭게 의사소통을 하다」라는 부분은 유명한 "make oneself understood"를 사용해도 좋고 더 간결하게 "communicate in English" 라고 해도 좋다.

(2) Few fathers in Korea spend a lot of time with their children on weekends. 또는 Fathers in Korea spend little time with their children on weekends.

> 본문에서 설명한 대로 한다면 위와 같은 해답의 예가 될 것이다. 하지만 약간의 발상의 전환을 시도해서 아래쪽과 같이 쓸 수도 있다. 관계사를 사용하지 않고 짧은 문장으로 완성하자는 것이 포인트.

Lesson 17 [p.74]

(1) Many Japanese are still forced to live in a small house far from their office.
> 「강요받고 있다」에 대해서는 Lesson 11을 참조(➡ p.52). "house"에 "small"이라는 형용사와 "far"라는 형용사에 "from their office"라는 덤이 붙은 것을 덧붙이는 것이라 생각하면 된다(➡ Part 2 「52 회사」 p.226를 참조).

(2) One of the aspects which make Korean a difficult language is that there are many words similar in pronunciation but different in meaning.
> 이것도 마찬가지로 "similar"와 "different"라는 두 형용사에 각각 "in …" 「~라는 점에서」를 붙인 "similar in pronunciation"과 "different in meaning"이라는 두 개의 형용사구가 뒤에서 "words"를 수식한다고 생각하면 된다.

Lesson 18 [p.78]

(1) The person whom you were talking with my brother. 또는
The person with whom you were talking is my brother.
▶ "with"를 잊지 않도록.

(2) The typewriter with which the novelist wrote his works was exhibited.
▶ "write his works with the typewriter"「그 타자기를 사용해서 작품을 쓰다」라는 표현을 염두에 두고 영작하자.

Lesson 19 [p.83]

(1) We tend to be conservative about breakfast, and French people, who eat croissant every morning, are never tired of it. 또는
We tend to be conservative about breakfast. French people eat croissant every morning, but they are never tired of it.
▶ 크로와상을 먹는 프랑스인과 크로와상을 먹지 않는 프랑스인이 있는 것은 아니다(실제로는 물론 있겠지만 이 문장을 쓴 사람은 이 둘을 구별한 것은 아니다). 그게 아니라 이 문장을 쓴 사람에 의하면 프랑스인은 모두 아침에 크로와상을 먹는다. 그래서 관계사를 사용한다면 계속적 용법으로 써야 한다. 혹은 프랑스인은 매일 아침 크로와상을 먹는 데 질리지 않는다고 하고 싶은 거니까 더 간단하게 하기 위해서는 접속사 but을 쓰면 된다.

(2) Monkeys in the zoo, which are given food, have much more free time than those in the wild. 또는
Because monkeys in the zoo are given food, they have much more free time than those in the wild.
▶ 이것도 마찬가지로 먹이를 받는 동물원의 원숭이와 먹이를 받지 않는 동물원의 원숭이가 있는 것은 아니다. 따라서, 관계사를 계속적 용법으로 사용하거나 혹은 먹이를 받아먹고 있으니 한가할 시간을 가지고 있다고 말하고 싶은 것이

니 because를 쓰면 된다.

Lesson 20 [p.87]

(1) Don't avoid doing what you are poor at.
  ▶ "be poor at~"은 "be good at~"의 반대로 「~에 서투르다」. "at"을 빠뜨리지 말 것.

(2) What foreigners who have come to Korea are surprised at is that a lot of things still usable are thrown away here.
  ▶ "at"을 빠뜨리지 말 것.

Lesson 21 [p.90]

(1) If you live in an apartment, you should be careful not to disturb people downstairs.
  ▶ 만약 「3층 사람들」이라고 한다면 "people on the third floor"가 되지만 "downstairs"는 부사. 그렇다면 「전치사+명사」의 역할을 가지고 있는 것이므로 "on the third floor"전체를 치환할 수 있다. 그래서 "people downstairs" 「아래층 사람들」이 된다.

(2) I was caught in a shower on my way back home.
  ▶ 「역으로 되돌아가는 길」이라면 "on my way back to the station". "to the station" 대신에 "home"이 쓰인다는 논리는 앞의 문제와 같다. "back" 은 생략해도 된다.

Lesson 22 [p.93]

(1) He hardly understood what I said.
  ▶ "hardly"의 위치가 포인트.

(2) You should always be kind to old people.
▶ 이것도 "always"의 위치가 포인트.

Lesson 23 [p.98]

(1) This summer was unusually hot, and people in the central region sufferd from a water shortage.
▶ 「예년에 없이 덥다」의 부분에서 "hot"이라는 형용사를 수식하는 "unusually"라는 부사를 바로 앞에 붙인 것이다.

(2) He told such a funny joke that everyone laughed loudly. 또는
He told so funny a joke that everyone laughed loudly.
▶ "such"나 "so"의 어순이 포인트.

Lesson 24 [p.102]

(1) Italy is as poor in natural resources as Korea is.
▶ "Italy is poor in natural resources"「이탈리아는 천연자원의 면에서 가난하다」라는 문장을 먼저 떠올려보고 그 안의 "poor"는 형용사에 부사인 "as"를 붙인다고 생각하면 된다.

(2) I like to take as little baggage as possible when traveling abroad.
▶ "as ~ as possible"「가능한 ~한」이라는 숙어는 누구나 아는 것이지만 그것을 바르게 사용하는 것이 포인트. 숙어라고는 하나 문법적으로 첫 번째 "as"가 부사임을 의식할 것. "I like to take little baggage"「나는 작은 짐을 가지고 싶다」라는 문장을 먼저 떠올려보고 "little"앞에 "as"를 붙인다고 생각하면 되는 것이다.

Lesson 25 [p.106]

(1) Because walking takes as much energy as jogging does, it is good for people who don't exercise regularly.

▶ "Walking takes much energy."「걷는 것은 많은 에너지를 필요로 한다.」라는 문장을 먼저 떠올려본다. "much"에 "as"를 붙이면 "Walking takes as much energy ~."「걷는 것은 그 만큼 많은 에너지를 필요로 한다.」가 된다. 더불어 접속사인 "as"이하에 대해 "as ... as jogging takes much energy"「조깅이 많은 에너지를 소비하는 것과 마찬가지로」라는 문장을 떠올려보고 "takes ..."이하의 부분을 대동사의 "does"로 바꿔주면 된다.

(2) The road is as crowded today as it was yesterday.

▶ 두 번째의 "as"이하. 원래는 "as the road was crowded yesterday."「길이 어제 막혔듯이」라는 문장이 먼저 있고 그 안의 "the road"가 "it"으로 치환되고 "was crowded"가 "was"로 치환되었다고 생각한다면 해답의 예와 같은 문장이 완성될 것이다.

Lesson 26 [p.109]

(1) Lies make people happier than they are when they hear the truth.

▶ "than"이하의 문제. "than they are happy when they hear the truth"「사실을 들었을 때 그들이 행복한 것보다」라는 문장을 떠올려보고 그 안의 "they are happy"가 "they are"로 치환된다고 생각한다.

(2) To make your dreams come true, I think it necessary to make greater efforts than other people do.

▶ "greater"의 위치와 "than"이하의 형태를 체크해 두자. 이제 바르게 쓸 수 있을 것이다.

Lesson 27 [p.112]

(1) More and more tall buildings have been built and the city has changed a lot.
　▶ "Many tall buildings have been built."라는 문장을 떠올려보고 이 안의 "many"를 「비교급 and 비교급」으로 만들면 된다.

(2) His mother got poorer and poorer and had to sell more and more of her furniture.
　▶ "His mother got poor"「그의 어머니는 가난해졌다」라는 문장과 "...and had to sell much of her furniture"「그녀의 가구 중 많은 부분을 팔지 않으면 안 되었다」라는 문장을 각각 「비교급 and 비교급」으로 했다고 생각하면 된다.

Lesson 28 [p.115]

(1) More and more people living in big cities have become interested in gardening.
　▶ 「취미」를 나타내는 방법에 대해서는 Part 2 「15 취미」의 항목 참조 (➡p.194).

(2) These days parents spend less and less time with their children.
　▶ "spend little time with ..."「~와 적은 시간을 보내다」라는 표현을 떠올려서 알맞게 응용하면 된다.

Lesson 29 [p.120]

(1) Is it dangerous for people who cannot communicate in English to travel alone to a foreign country?
　▶ 이 경우는 "to부정사"로 「~하는 것」이라고 표현해야 한다.

(2) It is common sense even among ordinary people that smoking does you harm.

▶ 이 경우는 that절로 「~하는 것」을 나타낸다. 「담배가」라는 주어 없이 「건강에 나쁘다는 것은 상식이다」라고 하면 의미가 명확하지 않기 때문이다. 그리고 "even"의 용법에 대해서는 Lesson 45 (➡ p.165)을, "ordinary"에 대해서는 Part 2의 「50 보통의」의 항목을 각각 참조(➡ p.225).

Lesson 30 [p.125]

(1) We tend to express ourselves indirectly so that we won't shock others or hurt their feelings.

▶ 목적의 부분을 "not to shock others or hurt their feelings"라는 식으로 to부정사로 나타낼 수도 있다. 그러나 그렇게 하면 간접적으로 자신을 표현한다면 상대방의 마음을 상하게 하는 일은 없으며 간접적인 화법을 사용하지 않는다면 반드시 상대방의 마음을 상하게 한다라는 뉘앙스가 되어버린다. 그러나 상식적으로, 일상생활에서, 직설적으로 말을 해도 상대방이 상처받지 않는 경우도 있고 또 우회적으로 말한다고 해서 상대방이 상처받지 말라는 법은 없다. 그래서 가능하다면 "so that"으로 목적을 나타내는 것이 더 좋겠다.

(2) He stepped out of her way for her to pass.

▶ 이 경우는 앞의 문제와 반대로, "to부정사"로 나타내야 한다. 왜냐하면 길을 비켜주면 그녀는 지나갈 수가 있고 그렇지 않으면 지나갈 수 없을 테니까.

Lesson 31 [p.128]

(1) Tell your parents how much you want to study in the U.S.

▶ "You want to study in the U.S. very much."라는 문장을 먼저 떠올려 보자. 이 "very much"를 "how much"로 바꾸어서 문두로 가져온다고 생각하면 된다. "... how you want to study in the U.S."라고는 하지 말 것. 이렇게 하면 「어떤 식으로 미국에서 공부하고 싶은가」라는 뜻이 되고 만다. 즉, 「어

학학교의 학생으로서」나 「대학생으로서」라는 의미가 된다.

(2) How difficult it is to think from other people's point of view shows how limited our imagination is. 또는
We learn how limited our imagination is when we realize how difficult it is to see things from other people's point of view.
▶ "how"를 사용한 명사절이 두 문장에서 모두 2곳에서 사용되고 있다. 각각의 절 안의 "difficult"나 "limited"의 위치에 주의. 해답 예 첫 문장에서는 우리말대로 직역했지만 주어가 너무 길어서 읽기가 힘들어졌다. 이 점을 고친 게 두 번째 해답예이다. 둘 다 정답이다.

Lesson 32 [p.131]

(1) Even if they seem to be poor to other people, they are happy. 또는 However poor they seem to be to other people, they are happy.
▶ 아래쪽의 해답 예와 같이 "however"를 사용했을 때는 물론 "poor"의 위치에 주의해야 한다. 「비록 아무리 가난해보이더라도」라는 것은 가정의 의미이므로 "even if"나 "however" 대신에 "though" 등을 사용할 수는 없다.

(2) Children these days have their parents drive them wherever they want to go until they are old enough to get a driver's license.
▶ 포인트는 "wherever they want to go"「그들이 어디로 가고 싶어하든지」의 부분. 전반부는 사역동사의 have의 용법에 주의. 「차로 데려다주다」에 대해서는 Lesson 49를 참조할 것(➡p.175).

Lesson 33 [p.134]

(1) On that Sunday morning, all the family got up early and were busy preparing to go to grandpa's.
▶ 포인트는 "On that Sunday morning"의 "on". "in"이면 안 되는 이유

는 본문에서 설명한 바와 같다.

(2) Because mother hasn't had the opportunity to travel for a long time, she is looking forward to the trip next month.
▶ "the trip in June"「6월의 여행」이라고 한다면 "in"이 필요하겠지만 "next month"에는 전치사가 필요없으므로 "the trip next month"「다음 달의 여행」이 된다. 전반부분에서는 시제에 주의. 현재까지 계속 기회가 없었다는 뜻이므로 여기서는 현재완료 외에는 쓸 수 없다.

Lesson 34 [p.137]

(1) By the time we got to the station, the train had already left.
▶ 접속사 "by the time"을 사용하는 것이 포인트.

(2) Nobody knows what he can do until he actually does it.
▶ 접속사로 "till" 또는 "until"을 사용하는 것이 포인트.

Lesson 35 [p.139]

(1) Hand in the paper within ten days.

(2) The construction will come to an end in three weeks.
▶「끝나다」는 보통 "come to an end"를 많이 쓴다.

Lesson 36 [p.141]

(1) There used to be an old temple on this river.

(2) On the door there was a notice saying: "Keep Out".

Lesson 37 [p.144]

(1) Because of the strong yen, many Japanese travel abroad these days.

(2) Tokyo has been[was] praised for being the only big city in the world where people can walk alone safety late at night.
   ▶ 본문에서 다루었던 상별동사 "praise+사람+for ~ing"를 써서 쓰면 된다. "for being"의 부분은 "as"「~로서」라고 해도 괜찮다. 그리고 시제는「현재까지 계속 칭송받아왔다」라고 생각한다면 현재완료가 될 것이고「예전에 칭송받고 있었다」라고 하면 과거형이 된다. 어느 쪽이든 상관없다.

Lesson 38 [p.147]

(1) With the spread of TV, the time people spend home became longer.
   ▶「~함에 따라」의 "with"를 쓰는 것이 좋겠다.

(2) With the progress of communication technology, the world is getting smaller and smaller.
   ▶ 포인트는 앞의 문제와 동일.

Lesson 39 [p.150]

(1) I would like to send this letter by express.
   ▶ 통신전달수단인 "by"를 사용하면 된다.

(2) If you leave Tokyo on the six o'clock Shinkansen, you will get to Sendai at eight. 또는
   If you take the six o'clock Shinkansen, you will get to Sendai at eight.

▶ 아래쪽의 해답 예와 같이 쓰면 전치사는 필요없어진다.(단, 「타다」의 표현방법에 대해서는 Part 2의 「3 타다」 p.192 항목 참조). 그러나 해답 예의 첫 번째 문장처럼 썼을 경우에는 전치사에 주의.

Lesson 40 [p.152]

(1) We live without realizing that we depend on other countries for much of what we need in our everyday lives.

▶ 이 문장은 "without"를 쓰면 된다. 왜냐하면 「살다」라는 행위와 「깨닫다」는 행위를 동시에 할 수 있는데도 우리는 전자만을 하고 후자는 하지 않는다는 말이기 때문이다. 「의존하다」의 "depend on 사람 for 사물"「(사물)의 면에서 (사람)에게 의지하다」라고 익혀두면 좋겠다. 예를 들어 He depend on his parents for money. 「그는 금전적인 면에서 부모에게 의지하고 있다.」와 같이 쓴다. 이 해답 예에서도 that절 이하는 이 숙어를 써서 나타내고 있다.

(2) In a race called a "joy-athron", people enjoy the race at their own pace instead of competing with each other.

▶ 이것은 반대로 "instead of"를 사용하는 것이 적당하다. 왜냐하면 「자신의 페이스로 즐기는 것」과 「경쟁하는 것」은 상반되는 행위로 둘 중 하나 밖에 고를 수 없기 때문이다.

Lesson 41 [p.157]

(1) He didn't say anything. He seemed angry. 또는
He looked angry.

▶ 이 경우는 그가 한 마디도 말을 하지 않는다는 사실에서 논리적으로 볼 때 「화가 났다」고 판단했거나 지금 그가 바로 눈앞에 있는 상황이어서 그 표정에서 직접 그렇게 판단했거나 둘 중의 하나다. 따라서 "seem"이나 "look"을 사용하는 것이 가장 적당하다.

(2) Many Japanese seem to like traveling. I hear (that) about five million Japanese traveled either in Japan or to foreign countries last summer.
 ▶ 첫 번째에 나오는 「~인 듯하다」는 아마도 500만명이나 되는 많은 일본인들이 여행을 했다는 사실을 근거로 한 추측이다. 따라서 "seem"을 써서 나타낸다. 두 번째 문장의 「~인 듯하다」는 아마도 텔레비전이나 신문에서 보고 들은 정보인 것 같아서 "I hear"를 사용해서 나타냈다.

Lesson 42 [p.159]

(1) It rained today for the first time in a long time.
 ▶ 이것은 본문에서 설명한 바와 같다.

(2) My friend who lives in Jeju is coming to see me for the first time in ten years.
 ▶ 「놀러오다」라는 표현에 대해서는 Part 2의 「14 놀다」를 참조할 것(➡p.199).

Lesson 43 [p.161]

(1) I realized that she was a nice person only when[after] she died.
또는 I didn't realize that she was a nice person until she died.
 ▶ 기본적인 구문은 본문에서 설명한 바 있다. 「깨닫다」라는 표현에 대해서는 Part 2의 「58 알다」의 항목 참조(➡p.231).

(2) I realized how little I knew about Korea only when[after] I came to live in a foreign country.
I didn't realize how little I knew about Korea until I came to live in a foreign countries.
 ▶ 이것도 기본적인 구문은 본문에서 설명한 대로이다. "how little I knew about Korea"의 부분에서 "little"의 위치는 바르게 썼나요? 틀렸다면 다시 한

번 복습해두길. 또한 "about"이 있는 이유에 대해서는 Part 2의 「45 알고 있다」의 항목 참조(➡p.222).

Lesson 44 [p.164]

(1) Because I finished my homework yesterday, I am free today.
   ▶ 우리말로 「끝낼 수가 있었다」라고 되어있지만 분명히 「끝낼 수 있다」(가능)뿐만 아니라 이 사람은 「끝내버렸다」(현실)는 것이니까 "could" 등을 사용할 필요는 없다. 과거형으로 충분하다.

(2) I asked my boss to let me take a few days off in September. He didn't seem to like the idea, but I managed to persuade him.
   ▶ 이것도 앞의 문제와 마찬가지로 이 사람에게 설득할 능력이 있었을 뿐만 아니라 실제로도 설득한 것이기 때문에 "could"를 쓸 필요가 없다. 과거형으로 "persuaded"라고 해도 상관없지만 문제에 「용케 ~할 수 있었다」라고 되어있으므로 "manage to 동사원형"을 사용했다. 「휴가를 달라고 부탁했다」의 부분에 대해서는 Part 2의 「5 쉬다」의 항목 참조(➡p.193).

Lesson 45 [p.169]

(1) They wouldn't listen to each other. 또는
   They didn't want to listen to what each other was saying.
   ▶ 「서로가 하는 말」을 어떻게 표현하는지가 포인트. 예제에 나온대로 쓴다면 아래쪽 해답 예와 같이 "what each other was saying"이 되겠지만 더 쉬운 방법이 있다.
   예를 들어 선생님이 학생들에게, "Listen to me."라고 하는 상황인데 이는 「나를 들어라.」가 아니다. 이 예에서 알 수 있듯이, 사람을 나타내는 명사는 그대로 <u>그 사람이 하는 말</u>이라는 뜻을 나타낼 수가 있다. 이 점은 익혀두면 편리하게 사용할 수 있다.
   예를 들어 「그는 내 말을 이해할 수 없었다.」는 문장을 영작할 때에도 "I

couldn't understand him."이라는 식으로 쉽게 할 수 있기 때문이다. 그렇다면 이 문제에서도 위쪽의 해답 예와 같이 고칠 수 있을 것이다. 단 "listen to"의 "to"를 빠뜨리지 않도록.

(2) Don't say such a thing even to your own child. 또는
Don't speak in that way even to your own child.
▶ "to your own child"「자기 자식에게」라는 부사구에 "even"을 붙여주면 「자기 자식에게마저」라는 뜻이 된다.

Lesson 46 [p.172]

(1) He was born three years after the Second World War came to an end.
▶ 본문에서 설명했다시피 "after ...."「~하고난 후에」라는 부사절 앞에 "three years"를 붙이면 "three years after..."「~한 3년 후에」라는 뜻이 된다.

(2) He set a Korean national record in the four hundred meter race.
▶ 「기록을 수립하다」는 보통 "set a record"를 쓴다. 「400미터 경주」는 "four hundred meter race". "meter"가 단수형이 되는 점에 주의.

Lesson 47 [p.176]

(1) We were all disappointed to hear that he failed in the exam.
▶ "be disappointed at"「~에 실망하다」라는 숙어는 있지만 전치사 "at"에 이어서 명사형태로 쓰려면 「그가 시험에 떨어졌다」라는 부분이 너무 복잡해진다. 그래서 to부정사나 that절로 쓰게 되는데, 아마도「모두」는 그와 함께 합격 발표를 보러 가서 그의 불합격 사실을 알게 된 게 아니라 누군가에게 소식을 들어서 알게 된 듯하다. 그래서 to부정사를 사용해서 "to hear that..."으로 하거나 "to learn that..."으로 쓰는 게 좋을 것이다.

(2) Tourists visiting Beijing are surprised that more and more taxis are running there. 또는
Tourists who visit Beijing are surprised to see more and more taxis running there.
▶ 이 경우는 실제로 많은 택시를 보았다는 것이므로 that절을 써도 좋고 "to see"「~을 보고」라고 해도 상관없다. 단 "see"는 전에 배웠듯이 이 경우에는 지각동사로 사용해야 한다는 점을 주의하자. "to see that..."은 쓰지 말아야 한다.

Lesson 48 [p.180]

(1) Looking at each of the pictures of those days, I left like visiting those people and seeing that landscape.
▶ 먼저 사진을 보고 그러다 예전에 친분이 있었던 사람들이 보고 싶은 마음이 생긴 것이다. 분사구문을 사용한다면 그 순서에 조심해서 해답 예와 같이 써야 한다. "looking" 앞에 "while"을 붙였다면 순서는 어느 쪽이든 상관이 없다.

(2) Walking toward the station, he realized that he left his textbook at home.
▶ 이것도 앞의 문제와 동일.

Lesson 49 [p.185]

(1) He said he would come to see me because he had something important to tell me, but he didn't appear.
▶ 직접화법을 사용하지 않는다는 것. "He said, I will come to see you because..."라고 하는 것은 유치한 표현. 단 간접화법으로 쓸 때는 시제 일치에 주의해야 한다

(2) When I left for the U.K. for the summer vacation, my Korean friends insisted on seeing me to the airport.

▶ 「~한다고 고집했다」라고 되어있는데, "insist on~"「~을 고집하다」라는 편리한 동사가 있음을 상기해야 한다. 「공항에 배웅하러오다」를 「오다」니까 "come"이겠지, 그 다음엔 「배웅하러」니까 to부정사로 목적을 나타내면 되겠지, 이런 식으로 생각하면 안 된다.

본문에서도 설명했지만 "take+사람+to+장소"이면 「(사람)을 (장소)로 데려가다」가 되고 "see"에는 「함께 가다」라는 뜻이 있기 때문에 이 표현의 "take"를 "see"로 바꿔서 "see+사람+to+장소"라고 하면 「(사람)을 (장소)까지 함께 가다」. 즉 「(사람)을 (장소)까지 배웅하다」가 되는 것이고 "drive+사람+to+장소"라면 「(사람)을 (장소)에 올 때까지 데리고 가다」가 되는 것이다.

여담이지만 재즈의 명곡 중 "Fly Me to the Moon"이라는 곡이 있다. 곡을 들으면 모두 들은 적이 있다고 말할 텐데 이는 「나를 달까지 (무엇인가 하늘을 나는 탈것을 태우고) 데려가 줘」라는 뜻이다.

Lesson 50   [p.188]

(1) He knew from experience that he should not reveal to others what he really thought.

▶ 원래 "He knew that..."이 되겠지만 "from his experience"「경험으로」의 부분이 미아로 헤매지 않도록 "knew"의 바로 뒤에 넣는다. "to others"「남에게」라는 부사구도 마찬가지로 reveal「드러내다」의 바로 뒤에 넣어준다.

(2) It is because literature creates in the imagination what we cannot see or what we cannot take a picture of.

▶ "in the imagination"부분의 위치에 주의. 그리고 「사진에 찍히지 않는 것」이라는 표현에 대해서도 주의가 필요하다. 「~의 사진을 찍다」는 "take a picture of~"이므로 전에 배웠던 관계대명사 what의 성격을 감안하면 「사진으로 찍을 수 없는 것」은 "what we cannot take a picture of"와 같이 "of"가 절대적으로 필요하다.

PART 3 연습문제 해답

(글 중 페이지수는 본문의 페이지수입니다.)

연습문제 01 [p.249]

(1) • I like soccer better than any other sport.
 • In my opinion, no other sport gives more fun than swimming.
 • The sport I like is baseball.

(2) • I don't agree with the idea that we cannot do without the cellular phone today.
 • I don't think that the cellular phone is indispensable for our life.

(3) • I am of the opinion that husbands as well as wives should do housework.
 • I think it's natural for husbands to help their wives do homework.

연습문제 02 [p.253]

(1) (양보) It is true that English is an international language and therefore is necessary to learn.
(근거) I think so because schoolchildren in Korea already have much to learn at school and it will be very hard for them if another subject is added to it.

(2) (양보) Of course, smoking cigarettes does harm to your health.
(근거) It is because, whether they see the product advertised on TV

or not, the consumers decide for themselves whether to buy it or not.

연습문제 03 [p.256]

(1) However, schoolchildren in Korea already have much to learn and we cannot add any more to it. So I don't think it reasonable to make them learn English at elementary school.

(2) So there is no reason to think that cigarettes companies cannot advertise their products on TV.

연습문제 04 [p.257]

(1) I will major in English, and I especially want to improve my reading ability in English. I know many Korean young people nowadays like to learn only to speak English, and they look down on the reading ability as impractical or out-of-date. However, reading English literature will surely give you deeper pleasure than just repeating conversational 'set phrases', and so I wish to concentrate on reading English. (67 words)
우리말 번역 ▶ 나는 영어를 전공할 것이고 특히 영어 독해력을 향상시키고 싶다. 최근 한국 젊은이들은 단지 영어로 말하는 것만 배우려고 하지 독해력을 비실용적이며 시대에 뒤떨어졌다고 경시한다는 것을 알고 있다. 하지만 영문학을 읽는 것은, 회화의 '정해진 문구'를 그저 반복하는 것보다 더 깊은 기쁨을 선사해줄 것이 틀림없으며 그래서 나는 영어를 읽는 데에 집중하고 싶다.

(2) In my opinion, Korean students should not have part-time jobs. I think so because most of them work not because they really have to in order to survive, but merely because they want extra money

to 'enrich' their life: to buy a car, to go skiing and so on. I think they should devote their valuable time not to part-time jobs but to their studies. (66 words)

우리말 번역 ▶ 내 생각에는 한국학생들은 아르바이트를 해서는 안 된다. 그렇게 생각하는 것은 그들 중 대부분이 생존을 위해서 정말 해야 되어서 하는 게 아니라 단지 차를 사거나 스키를 타러 가는 등 그들의 생활을 「윤택하게」하기 위한 여유돈이 필요해서 일하고 있기 때문이다. 그들은 자신들의 귀중한 시간을 아르바이트를 위해서가 아니라 공부하는 데에 써야 할 것이다.

(3) I think it quite reasonable for the Korean school year to begin in September and end in June. Many people insist that it should begin in spring as it is now. But in most countries in the world, schools begin in autumn, and if schools in Korea also begin in September, it will be easier for Korean students to study abroad and for foreign students to study in Korea. Therefore, I don't think there is any reason to insist that it should remain as it is. (87 words)

우리말 번역 ▶ 나는 한국 학교의 학년이 9월에 시작해서 6월에 끝난다는 것은 매우 합리적이라고 생각한다. 많은 사람들은 현행대로 봄에 시작해야 한다고 주장한다. 그러나 세계의 대부분의 국가에서 학교는 가을에 시작하며 한국에서 학교가 9월에 시작한다면 한국학생들이 해외에서 공부하거나 외국학생들이 한국에서 공부하는 일도 더 쉬워질 것이다. 따라서 나는 현행대로 계속되어야 한다고 주장할 이유는 없다고 생각한다.

연습문제 05 [p.260]

(1) This proverb litetally means that even monkeys sometimes fall off the tree. But in practice it implies that those who are good at doing something sometimes fail in doing it, and that therefore you should be careful even when you do something that seems very easy.

우리말 번역 ▶ 이 속담은 「원숭이도 때로 나무에서 떨어진다」는 뜻이다. 그러나 실제로는 무엇인가를 잘 하는 사람이라도 때로는 그것을 실패할 때도 있고 그래서 매우 쉬워 보이는 일을 할 때도 주의해야 한다는 것을 의미한다.

(2) This Korean expression literally means a party for forgetting the year. But in fact it is a party which we hold when the end of a year approaches. Forgetting everything bad which happened to you during the year means that the coming year will be a good one.

우리말 번역 ▶ 이 한국어의 표현은 말 그대로 그 해를 잊어버리기 위한 파티를 의미한다. 그러나 실제로는 그것은 1년이 끝나갈 때 여는 파티인 것이다. 그 해에 일어났던 나쁜 일들을 모두 잊어버리는 일은 다가오는 해는 좋은 한 해가 될 것이라는 것을 의미한다.

(3) This idiomatic expression literally means 'eating cold porridge'. But in practice it implies that you can do something as easy as you eat cold porridge.

우리말 번역 ▶ 이 관용구는 말 그대로 '식은 죽을 먹다'라는 의미이다. 그러나 실제로는 그것은 식은 죽을 먹을 만큼 쉬운 일을 하는 것을 의미한다.

(4) This idiomatic expression literally means 'making up the mind for three days'. But it really means giving up on something only three days after he begins it. It is often used about broken New Year's resolution.

우리말 번역 ▶ 이 관용구는 말 그대로 '3일간의 결심'을 의미한다. 그러나 실제로는 무슨 일을 시작한 후 불과 3일이면 그 일을 포기해 버리는 것을 의미한다. 이 표현은 깨진 신년의 서약에서 자주 사용된다.

연습문제 06 [p.264]

I see in the picture a father and his son walking on the street.

They come across a newspaper vending machine and see a headline about another terrible shooting. I think the boy is aware how many people are killed in shootings these days. What is funny is that when asked what he wants to be when he grows up, the boy answers that all he wants is to be alive.

우리말 번역 ▶ 이 그림에는 길을 걸어가는 아버지와 아들이 그려져 있습니다. 그들은 신문 자동판매기를 스쳐가며 또 다른 끔찍한 충격사건에 관한 표제를 봅니다. 최근 얼마나 많은 사람들이 충격으로 죽음을 당하는지 그 소년은 알고 있는 것 같습니다. 재미있는 것은 어른이 되면 뭐가 되고 싶냐는 물음에 소년이, 살아있기만 하면 좋다고 대답한 점입니다.

연습문제 07 [p.264]

I see in this cartoon a guy who looks Korean attending a party in a foreign country. A waiter offers him one drink after another, and, as is often the case with Korean people, he is not very good at declining an offer. What is funny about this cartoon is that even after he has got drunk, he continues to say yes to offers of more drink, and that he tries to continue to drink even after he finally fell down on the floor.

우리말 번역 ▶ 이 만화에는 외국에서 파티에 참석한, 한국인처럼 보이는 남자가 그려져 있습니다. 웨이터가 그에게 마실 것을 계속 권하는데 한국사람들이 자주 그렇듯이 그는 권유를 잘 뿌리치지 못합니다. 이 만화에서 재미있는 것은 취한 후에도 그는 더 마시라는 권유에 계속 예스라고 대답하고 나아가서는 바닥에 쓰러진 뒤에도 마시려고 하고 있다는 점입니다.

연습문제 08 [p.268]

I live in a small town, Sunchang, Jeollabuk-do, which is situated some three hundred kilometers south of Seoul. Take the 'Honam Line' at Seoul Express Bus Terminal, and you can get there in about three hours and a half. Sunchang, which is covered mainly with forests, has four thousand inhabitants.

In addition, Sunchang is famous for gochujang, a hot pepper paste. There are also the folk villages noted for gochujang in Sunchang; moreover, every year there is a traditional gochujang festival. However, I sometimes feel bored with my quiet life here and want to go to Seoul, although I often got quite annoyed at having to stand on the really crowded trains connecting my sleepy hometown and the capital.

우리말 번역 ▶ 나는 전라북도의 순창이라는 조그만 마을에 사는데, 이곳은 서울에서 남쪽으로 약 300km 정도 떨어진 곳에 위치해 있다. 서울 고속버스 터미널에서 '호남선'을 타면 3시간 반 후에 도착한다. 순창은 주로 숲으로 덮혀 있으며 인구는 4천명이다.

게다가, 순창은 고추장으로 유명하다. 또한 순창에도 고추장으로 유명한 민속촌이 있으며 매년 전통 고추장 축제가 열린다. 그러나 가끔은 이곳의 한적한 생활이 지루하게 느껴져 서울로 가고 싶어지기도 하지만 생기없는 고향과 수도를 연결하는 혼잡한 열차를 서서 타고 가야 하는 것에는 종종 짜증이 나기도 한다.

연습문제 09 [p.269]

Dear Customer Service Manager,
I ordered a sweater from you and received the shipment today. However, what I received was an article entirely different from what I ordered.

What I ordered was article No.1056 in your October 2000 catalog, a large size, indigo, wool sweater for winter, and what I received was a small size, red and white striped, cotton shirt for summer, which looks to me like article No.1057 in the same catalog.

Please ship the correct item again as soon as possible and I will send the wrong item back to you at your expense.

                                    Sincerely,
                                    Tadashi, Oya

우리말 번역 ▶ 고객서비스 부장님

저는 귀사에 스웨터를 주문했고 오늘 그 상품을 받았습니다. 하지만 제가 받은 것은 제가 주문했던 것과는 전혀 다른 상품이었습니다.

저는 귀사의 2000년 10월의 카달로그에서 상품번호 1056번, 큰 사이즈의 남색의 겨울용 울스웨터를 주문했었는데 제가 받은 것은 작은 사이즈의 빨간 색과 흰색의 줄무늬로 된 여름용 면 셔츠였습니다. 이것은 같은 카달로그의 상품번호 1057번입니다.

가능한 한 빨리 올바른 상품을 보내주세요. 저도 잘못 받은 상품을 귀사에, 귀사부담으로 되돌려 보내겠습니다.

                                    오야 타다시

연습문제 10   [p.281]

It is not reasonable for senior high school students to be forced to wear school uniforms.

Many people think high school students shouldn't care about what they wear, nor should they spend money on it. And by forcing us to wear uniforms, they believe they can keep us from doing so.

However, though I admit we shouldn't care only about clothes nor should we spend too much money on them, making us wear uniforms is too easy a way. Take an example. I have my favorite pair of jeans. I wear them wherever I go. They're cheap, and even if they get dirty, I don't care. And what is important is that by wearing my favorite jeans, I feel more like myself than when I wear my uniform.

So, if adults want to educate us through the way we dress, they should find another way. (145 words)

우리말 번역 ▶ 고등학생이 교복 입기를 강요받는 것은 합리적이지 않다.

고등학생은 그들의 옷에 신경을 쓰거나 옷에 돈을 써서는 안 된다고 많은 사람들이 생각한다. 그리고 그런 사람들은 우리에게 교복을 입도록 강요함으로서 그러지 못하게 막을 수 있다고 믿는다.

그러나 우리가 옷에만 신경쓰거나 너무 많은 돈을 옷에다 쓰면 안 된다는 것은 인정하지만 교복을 입게 하는 것은 너무 쉬운 방법이다. 예를 들어보자. 내게는 아주 좋아하는 청바지가 있다. 나는 어디로 가든지 그것을 입는다. 청바지는 저렴하며 더러워지더라도 나는 신경 안 쓴다. 그리고 중요한 것은 내가 가장 좋아하는 청바지를 입음으로서 내가 교복을 입을 때보다 내가 더욱 나답다는 것을 느낀다는 점이다.

그래서 어른들이 우리가 옷 입는 방식을 통해 우리를 교육시키고 싶다면 그들은 다른 방법을 찾아야 할 것이다.

연습문제 11 [p.282]

In my opinion, it is education that is most important to make a recycling society.

I think so because in many cases when something can be recycled technologically, many people throw it away without thinking; so people need to be taught not to throw things away carelessly in order to improve the effectiveness of recycling.

In addition, if people become conscious of this problem through education, they not only stop throwing things away in the environment, but they will also try to reduce the amount of garbage. If you continue to use the same washing machine for thirty years, it will mean more to the environment than recycling a number of washing machines you have used in these thirty years.

So it is clear that what counts is to make people more conscious of the matter. (136 words)

우리말 번역 ▶ 내 생각에는 순환형 사회를 만드는 데 가장 중요한 것은 교육이다.

그렇게 생각하는 것은 대부분의 경우 기술적으로 무엇인가가 재활용될 때 많은 사람들은 생각없이 그것을 던져 버리고 있기 때문이다. 따라서 재활용의 효율을 향상시키기 위해 사람들은 부주의하게 버리지 않도록 교육받을 필요가 있다.

게다가 만약 사람들은 교육을 통해 이 문제를 의식하게 된다면 사람들은 환경에 물건을 버리는 일을 중단할 뿐만 아니라 쓰레기의 양도 줄이려고 노력할 것이다. 만약 30년 동안 같은 세탁기를 계속 사용한다면 그 30년동안 사용했던 많은 세탁기를 재활용하는 것보다 환경에는 더 큰 의미가 될 것이다.

따라서 사람들로 하여금 이 문제를 더욱 의식하게 만드는 것이 중요하다는 것이 명백해졌다.

연습문제 12 [p.282]

I agree with this opinion in that language is a means, not the end.
In Korean schools, English is taught as if it were something to be tested, not actually to be used. For us, learning English means understanding a lot of rules and memorizing words and then getting high marks in the exam. I myself have been studying English for six years, and have never used it to communicate with a foreigner or to write a letter. We don't actually expect to have an opportunity to really use in the future.
However, every language is a tool for communication, and so I think it should be taught in a more practical way. (114 words)

우리말 번역 ▶ 나는 언어는 수단이지 목적이 아니라는 의견에 동의한다.
한국 학교에서는 실제로 사용되는 것이 아니라 시험을 치르기 위한 것인 양 영어를 가르치고 있다. 우리에게 영어를 배운다는 것은 많은 규칙을 이해할 것, 단어를 기억할 것, 그리하여 시험에서 좋은 성적을 받는 것을 의미한다. 나 자신은 6년 동안 영어를 공부해 왔어도 영어로 외국인과 의사소통을 하거나 편지를 써 본 적이 전혀 없다. 실제로 우리는 미래에 영어를 정말로 사용하는 기회를 가질 것으로 기대하지 않는다.
그러나 모든 언어가 의사소통의 수단이며 그래서 나는 영어가 더 실용적인 형태로 가르쳐야 한다고 생각한다.

저자 Oya Tadashi
동경대학교 대학원 석사과정 수료
요요기제미널 강사, 이탈리아 학자

Output English Writing

초판인쇄 / 2005년 9월 7일
초판발행 / 2005년 9월 13일
지은이 / Oya Tadashi
펴낸이 / 엄태상
펴낸곳 / **Language**PLUS®
등록일자 / 2000년 8월 17일
등록번호 / 제 1-2718호
주소 / 서울시 강남구 역삼동 826-28
전화 / 1588-1582
팩스 / 3671-0500
E-mail / tltk@chol.com
Homepage / www.langpl.com

· 이 책의 내용을 사전 허가없이 전재하거나 복제할 경우
  법적인 제재를 받게 됨을 알려 드립니다.
· 잘못된 책은 구입하신 서점이나 본사에서 바꿔 드립니다.
· 가격은 뒷표지에 있습니다.

EIBUN WRITING TRY AGAIN!
By OYA Tadashi
Copyright © 2002 OYA Tadashi
Originally published in Japan by GOGAKU SHUNJUSHA, Tokyo.
Korean translation rights arranged with GOGAKU SHUNJUSHA, Japan
through THE SAKAI AGENCY.

3주 만에 당신을 영어체질로 바꿔줍니다!

영어 귀·혀·입 동시훈련법

히로시 마츠자키 저
10,000원(CD 1장 포함)

· 영어 말하기 실력이 늘어난다!
· 영어를 듣고 이해하는 귀가 생긴다!
· 영어를 말할 수 있는 입을 갖게 된다!
· 리듬과 억양, 끊어읽기를 잘하게 된다!
· 영어의 발음이 정확해 진다!

앞부분에 나오는 재밌는 만화
'나는 이렇게 공부했다'를 읽고 나면
공부해야겠다는 결심이
불끈 치솟습니다.

그 순간부터
퍼펙트 매뉴얼에 따라
21일 간의 지옥 훈련이
시작됩니다.

21일이 지나고 나면
영어 말하기, 듣기, 직해하는 능력,
발음과 인토네이션까지
확 달라집니다.

딱, 3주만에 달라집니다!!

작문을 할 수 있으면,
문법은 저절로 해결되는 거 아시죠?

가장 쉬운 영작문

고호 코토 저
9,800원

기초실력 없는 분, 작문 공부 처음인 분
문법은 조금 하는데, 영작문은 깜깜하시다구요?
이 책의 29개 포인트만 챙겨두십시오.
최소한의 문법으로 자유롭게 말하고 쓰게 됩니다.

문법, 어휘, 표현력까지 놀랍도록 향상됩니다!
영문법의 핵심이 녹아있는 29개 포인트!
읽기만 해도 가물가물하던 문법이 자연스레 정리됩니다.
풍부한 실용 예문과 해설은 물론 어휘까지 챙겨드립니다.

바로 쓸 수 있는 실용적인 예문
이메일, 팩스, 카드 등 실용적인 예문 중심으로
업무에서 바로 바로 활용할 수 있고,
우리말 문장으로 부록을 수록, 급할 때 바로 찾아 쓸 수 있습니다.